J新書 22

短いフレーズで日常・韓国旅行までらくらく使える
魔法の韓国語会話

超カンタン
フレーズ500

鶴見 ユミ
Tsurumi

Jリサーチ出版

はじめに

★ きっかけを大切に

　かつては「安・近・短（安くて、近くて、週末を使って行ける短い海外旅行先）」として定番の社員旅行先であったソウルも、今や、豊かな食・ファッション・エステと老若男女を満足させる人気渡航先となりました。女性誌を開けば必ずと言っていいほど、今すぐにでも行きたくなるようなソウルの情報がたくさん掲載されています。私の周囲でも、数か月に一度はソウルを訪問する人がいるほどの人気ぶりで、ソウルに行ったことがないという人のほうが珍しくなりました。いつの間にかソウルは「何度も行きたくなる街」に変貌したようです。

　次のソウル旅行では、韓国語を話してショッピングをしてみたいと思う人もいると思いますし、韓国ドラマや音楽を聴きながらいつかはあこがれの芸能人と韓国語で会話してみたい、韓国語でファンレターを書いてみたいと思う人もいると思います。

★ 魔法のフレーズで話せる理由

　しかし、韓国語は英語と違い、基礎学習を経ていないので、いきなり話そうと思っても簡単には通じないのではないか？という不安もあると思います。そんな人々が韓国語の第1歩を踏み出せるように、この「魔法の韓国語会話」を執筆いたしました。何故、魔法なのかといいますと、

　① 多くが5語以内のシンプルフレーズで覚えやすい
　② 単語を入れ替えるだけで使えるフレーズがどんどん増える
　③ 文字の基礎がなくてもすぐに発音できるヨミガナ付き

だからです。

★ 覚えたら実際に話してみる

　全て覚える必要はなく、自分が覚えやすい、使いたいフレーズだけを何度も口にしてみましょう。短いフレーズばかりですから、あっという間に覚えることができます。ワンフレーズ覚えてしまえば、次からは単語を入れ替えるだけで色々なパターンのフレーズを組み立てることができます。そのコツさえつかめば、韓国語会話の楽しさを知ることが出来るようになります。

　フレーズを覚えたらさっそく実践してみましょう。わざわざソウルまで行かなくても、コリアンレストランやカフェ、エンターテインメント関連のイベント等、韓国人に出会えるスポットは以前に比べて格段に増えました。本書を通して韓国語会話の楽しさを知っていただけることを願ってやみません。

鶴見ユミ

Contents

はじめに ……………………………………………………………… 02
魔法のフレーズを使えば、誰でも話せるようになる ………… 08
本書の利用法 ………………………………………………………… 14

第1章

魔法 ① ~있어요? フレーズ 〈~ありますか〉 ……………… 18
魔法 ② ~없어요. フレーズ 〈~ありません〉 ……………… 20
魔法 ③ ~예요. / ~이에요. フレーズ 〈~です〉 ………… 22
魔法 ④ ~세요? / 이세요? フレーズ 〈~でらっしゃいますか〉 … 24
魔法 ⑤ ~아니에요. フレーズ 〈~ではありません〉 ……… 26

話すための韓国語文法①
反切表　母音　子音　パッチム ………………………… 28

魔法 ⑥ ~주세요. フレーズ 〈~ください〉 ………………… 32
魔法 ⑦ ~ㅆ어요. フレーズ 〈~ました〉 …………………… 34
魔法 ⑧ ~셨어요? フレーズ 〈~なさいましたか〉 ………… 36
魔法 ⑨ ~지요. フレーズ 〈~でしょう〉 …………………… 38
魔法 ⑩ ~군요. フレーズ 〈~ですね〉 ……………………… 40

話すための韓国語文法②
用言の種類　活用の種類　第Ⅰ活用　第Ⅱ活用　第Ⅲ活用 ……… 42

第2章

魔法 ⑪ 얼마~ フレーズ 〈いくら〉 ……………………………… 46

魔法 ⑫ 언제~ フレーズ 〈いつ〉 …………………………………… 48

魔法 ⑬ 어디~ フレーズ 〈どこ〉 …………………………………… 50

魔法 ⑭ ~어때요? フレーズ 〈どうですか〉 ………………………… 52

魔法 ⑮ ~뭐예요? フレーズ 〈何ですか〉 ………………………… 54

話すための韓国語文法③
数詞　助数詞　時間　月日／曜日 ………………………… 56

魔法 ⑯ 왜~? フレーズ 〈どうして〉 ………………………………… 60

魔法 ⑰ 안~ フレーズ 〈~しない〉 ………………………………… 62

魔法 ⑱ ~고 싶어요. フレーズ 〈~したいです〉 …………………… 64

魔法 ⑲ ~ㄹ 수 있어요. フレーズ 〈~できます〉 ………………… 66

魔法 ⑳ ~ㄹ게요. フレーズ 〈~しますね〉 ………………………… 68

話すための韓国語文法④
助詞一覧表　助詞の使い方　話し言葉の終結語尾 ……… 70

第3章

魔法 ㉑ ~ㄹ거에요. フレーズ 〈~つもりです〉 …………………… 74

魔法 ㉒ ~자. フレーズ 〈~しよう〉 ………………………………… 76

魔法 ㉓ ~(이)라고 フレーズ 〈~と（言います）〉 ………………… 78

魔法 ㉔ ~려고 フレーズ 〈~ようと（思います）〉 ………………… 80

魔法 ㉕ ~ㄴ데／는데 フレーズ 〈~なのですが〉 ………………… 82

話すための韓国語文法⑤
不規則用言　特殊語幹　変格活用1　変格活用2　変格活用3 …………… **84**

魔法 ㉖ ～면 フレーズ〈～ならば〉…………… **88**
魔法 ㉗ ～지만 フレーズ〈～だが〉…………… **90**
魔法 ㉘ ～도 フレーズ〈～しても〉…………… **92**
魔法 ㉙ ～서 フレーズ〈～して（なので）〉…………… **94**
魔法 ㉚ ～니까 フレーズ〈～だから〉…………… **96**

話すための韓国語文法⑥
接続詞　連体詞　副詞1　副詞2 …………… **98**

第4章

魔法 ㉛ ～고 フレーズ〈～して〉…………… **102**
魔法 ㉜ ～거나 フレーズ〈～したり〉…………… **104**
魔法 ㉝ ～면서 フレーズ〈～ながら〉…………… **106**
魔法 ㉞ ～것 フレーズ〈～（する）のが〉…………… **108**
魔法 ㉟ ～ㄴ 후에 フレーズ〈～た後〉…………… **110**

話すための韓国語文法⑦
連体形　現在連体形　過去連体形　未来連体形 …………… **112**

魔法 ㊱ ～에 따라 フレーズ〈～によって〉…………… **116**
魔法 ㊲ ～ㄹ 때 フレーズ〈～するとき〉…………… **118**
魔法 ㊳ ～ㄹ 지 フレーズ〈～してから〉…………… **120**
魔法 ㊴ ～ㄴ 적 フレーズ〈～したこと〉…………… **122**
魔法 ㊵ ～기로 フレーズ〈～することに〉…………… **124**

話すための韓国語文法⑧
連体形応用文型1　連体形応用文型2　連体形応用文型3 …………………… **126**

第5章

魔法 ㊶ 〜게 フレーズ〈〜ことに〉…………………………………………… **130**

魔法 ㊷ 〜기 위해서 フレーズ〈〜するために〉………………………………… **132**

魔法 ㊸ 〜길 フレーズ〈〜するついでに〉……………………………………… **134**

魔法 ㊹ 〜척해요. フレーズ〈〜するふりをします〉…………………………… **136**

魔法 ㊺ 〜ㄹ 수록 フレーズ〈〜するほど〉…………………………………… **138**

話すための韓国語文法⑨
漢字語攻略法　漢字語1　漢字語2　漢字語3 …………………………… **140**

魔法 ㊻ 〜ㄹ 뻔했어요. フレーズ〈〜するところでした〉…………………… **144**

魔法 ㊼ 〜자마자 フレーズ〈〜するやいなや〜〉……………………………… **146**

魔法 ㊽ 〜지 마세요. フレーズ〈〜しないでください〉……………………… **148**

魔法 ㊾ 〜편이에요. フレーズ〈〜するほうです〉……………………………… **150**

魔法 ㊿ 〜야 해요? フレーズ〈〜しなければなりませんか？〉……………… **152**

話すための韓国語文法⑩
動詞　形容詞　形容動詞 ……………………………………………………… **154**

魔法のフレーズカード ……………………………………………………………… **159**

魔法のフレーズを使えば、誰でも話せるようになる

韓国語会話を勉強とは思わずに、楽な気持ちでスタートしてください。実際に言葉にしてみると意外と簡単に覚えられるはずです。話す実践を積み重ねながら上達していきましょう。

 韓国語会話は勉強ではありません

　語学というとまずは英語を思い浮かべますが、学生時代に長い時間を費やして勉強してきたのに海外旅行では思ったように通じないなど、苦い経験をした人も多いかもしれません。そもそも、英語と日本語は、語順も違いますし、文法構造自体がかなり異なるので、日本人が英語が苦手なように、英語圏の人にとっても日本語は難しい部類の言語だと思われます。

　しかし、どの国でも赤ん坊の頃から文法などは習いません。日本国内でも、日本語講師や専門家以外で、日本語文法に詳しい日本人というのも多くはいません。つまり、ネーティブだからといって母語の文法を熟知しているわけではないのです。では、なぜ子供たちは数年で言葉を自然と話せるようになるのでしょうか。

イントロダクション

　それは、言葉を話す行為自体が、経験の積み重ねだからです。最初は出来なかった逆上がりも、何度も練習していくうちに自然と出来るようになることと似ています。文法をよく知っていることや語彙が豊富であることは、会話の幅を広げます。また、基礎知識があれば、疑問を残さずに学習を進めることができますので、返って語学力を上げる近道であることも事実です。しかし、知識だけでは、会話力がどれだけあるのかを測ることはできません。実際に話してみたら頭で思った通りに発音できないこともあるかもしれません。
　韓国語会話はどれだけ勉強したかではなく、どれだけ練習をしたかで上達の速さが変わってきます。

基礎がなくても話せる？

　英語ならばいざ知らず、全く基礎学力がない韓国語をすぐに話すことはできるのでしょうか。

　ずばりお答えしますと、学習に入る前に韓国語のしくみを知れば可能です。以下に、簡単なしくみをあげてみました。

1　語順が日本語とほぼ同じ
（例）江南に行きます。＝강남에 가요.　**ヒント!** に＝에

2　会話では主語を省いても通じる
（例）日本人です。＝일본사람이에요.　**ヒント!** 日本人＝일본사람

3　会話では助詞を省いても通じる
（例）ビールください。＝맥주 주세요.　**ヒント!** ください＝주세요

4　短いフレーズだけで意思を伝えられる
　本書で紹介している使えるフレーズの大半が3語〜5語以内です。さらに、音節に関していえば、フレーズ全体を通して日本語よりも音節が少ないのです。例えば、日本語では「ビールください」と7音節なのに対して、韓国語は「メッチュ　ジュセヨ」と5音節です。また、「江南に行きます」が9音節なのに対して、韓国語は「カンナメ カヨ」とたったの5音節です。

　このように、韓国語は日本語に構造がとても似ている上に音節が少なくて覚えやすいのです。

しかし、実際韓国に旅行してみた人は分かると思いますが、日本語のメニューが置いてある明洞などの日本人観光客が多い場所は別として、それ以外では食堂のメニューは当然ハングルだけで表記されています。ですから、ハングルが読めなければ注文することもままならないということになってしまいます。つまり、しくみを知るだけではなく、ハングルを覚えることも大切だということは忘れないでください。ハングルの50音表である「反切表（はんせつひょう）」も収録しました（☞「反切表」p.28）ので、ローマ字を覚える要領でハングルの音をチェックしてみてください。

　はじめに簡単な解説を読み基本情報を身につけ、その後は実践することに重点を置いて本書を使ってみてください。

　本書はユニットごとに10フレーズを紹介していますので、全部で500のフレーズがあり、「シンプルで覚えやすい上によく使う、旅行でも大活躍」の「魔法のフレーズ」ばかりを掲載しました。例えば、「魔法の〜주세요. フレーズ」（☞ Unit 6 p.32）の場合、キーとなるフレーズは「〜주세요.（〜ください）」です。물 좀 주세요.（お水ください）のように注文のときに使うフレーズや、이거 주세요.（これください）や、내일 전화 주세요.（明日、電話ください）、도와주세요.（手伝ってください）など様々な場面で使えるフレーズをバリエーション豊富に掲載しました。また、各ユニットの解説部分には、文法説明に加えて頻出フレーズも掲載しています。ですから、本書全体では使えるフレーズが600を超え、お得なパッケージになっています。

　まずは、気に入ったフレーズ、使ってみたいフレーズから覚えてみましょう。

音読のススメ

　1人でぶつぶつしゃべるという行為は大人の学習者には少し照れくさいかもしれませんが、フレーズを早く覚えて自然にすらすらといえるようになるには音読をお勧めします。韓国語のフレーズにはヨミガナを振っていますが、実はカタカナでは韓国語の発音を正確に表記することは出来ません。先ほど説明したように、同じ意味でも日本語よりも音節が少ないフレーズばかりですから、ヨミガナで覚えるよりは、音声を聞いて真似しながら一気に発音するほうが、きれいな発音が出来るようになります。ヨミガナはあくまでも参考として活用してください。

　付属のCDには「日本語」→「韓国語」→「リピートポーズ」の順で収録されていますから、CDを聞きながら音読練習をしましょう。通勤／通学時間を利用して耳を慣らすことも効果的です。ただじっと本を眺めているより、CDを聞いて声に出して読むほうが、効果がずっと早く現れるはずです。

　また、本書は会話に最低限に必要な文法のみを紹介し、すぐに話せるようになることを目的にしていますので、自然と韓国語が口をついて出てくるように、何度も反復練習をしましょう。

ネーティブの発音を目指さず楽な気持ちで話してみる

　最初から完璧な発音を目指す必要はありません。コミュニケーションを取ることが第一の目標ならば、完璧な発音は必要ないのです。それに、高校生くらいまでに現地で生活しない限り、ネーティブと全く同じ発音／イントネーションで話すことは不可能です。韓国は地方ごとに様々な種類の方言がありますので、私たちも地方出身者の一人と考えればすむ話です。発音やイントネーションにこだわり過ぎて委縮し、会話が出来なくなってしまうほうがマイナスです。

　それに、発音もイントネーションも後から少しずつ直すことが出来ます。著者も日本人ですから、激音や濃音などの日本語にはあまりない発音が苦手です。しかし、会話というものは単語だけで行われるものではなく、フレーズで成立するものです。ですから、伝えたいことが通じないことはありませんし、韓国人に発音を指摘されるとその後気をつけて発音するようになります。まずは、コミュニケーションを取ることを目指しましょう。

　旅先の韓国で、日本の韓国料理屋で、日本で作った韓国の友人にも、覚えたフレーズを使って、実際に韓国語で話しかけてみることから始めましょう。最初は簡単な挨拶や注文をするだけでも構いません。なによりも使ってみることが大切です。一度通じるとそれが自信となってますます話そうという意欲が湧いてきます。是非、チャレンジしてみてください。

本書の利用法

　本書は、韓国語学習を始めたばかりの方でも簡単に取り組める魔法のフレーズ集です。短くて使える魔法のフレーズを活用すれば、会話力がどんどんアップします。

> CDのトラック番号を示しています。4の場合はTrack 4という意味です。

> 各ユニットを代表するキーフレーズです。訳と文構造も示します。

> フレーズの文構造や語法を解説します。

> 使い方を紹介します。使えるフレーズも多数記載しています。また、文法や語法の追加解説も行います。

---

3. 魔法の〜예요./〜이에요. フレーズ

チョヌン　イルボンサラ ミ エ ヨ
저는 일본사람이에요.
＞私は日本人です。

［名詞＋〜예요./〜이에요.、〜예요？/〜이에요？］

ポイント　〜예요./〜이에요. の基本形は이다（〜だ）で、名詞と代名詞につなげる四大用言のうちのひとつで指定詞といいます。フォーマルな語尾は입니다.（です）/입니까？（ですか）です。

使い方　일본사람（日本人）のように名詞の最後にパッチムがあるときは이에요. をつなげ、전화（電話）のようにパッチムがないときは예요. をつなげます。疑問文이에요？/예요？のときは語尾をあげて発音します。
　비빔밥이에요.（ビビンバです）のように、語尾にパッチムのある体言に指定詞をつなげるときには発音に注意が必要です。「ビビムパビエヨ」と밥のパッチムㅂが指定詞の이に連音化して、実際には【바비】と発音します。

이거 얼마예요？

22

[CDについて]

CD2 CDには、「日本語」→「韓国語」→「リピートポーズ」の順番でキーフレーズと会話力9倍増フレーズを合わせた500フレーズすべてが収録されています。音声を真似て、自分でも声に出して何度も練習しましょう。

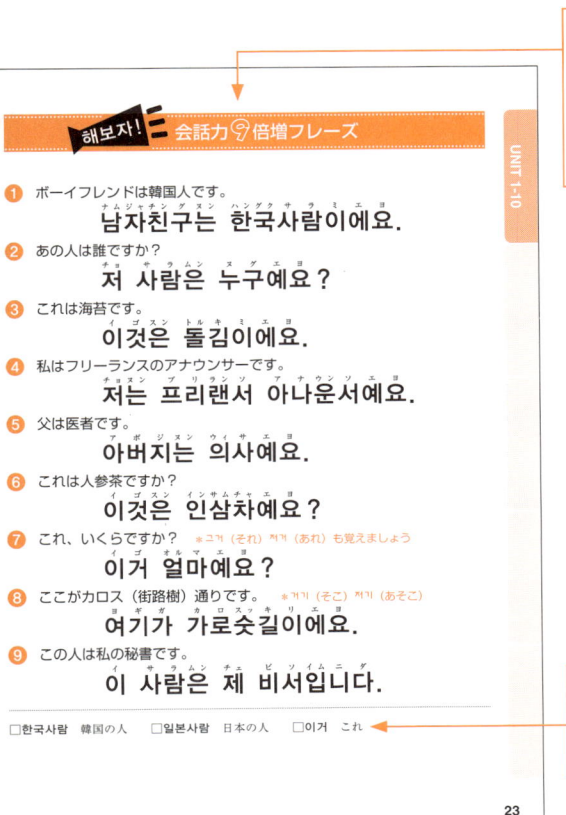

キーフレーズのバリエーションを9つ紹介します。どれも日常生活や旅行でよく使うものばかりです。

해보자! 会話力9倍増フレーズ

UNIT 1-10

1. ボーイフレンドは韓国人です。
   남자친구는 한국사람이에요.
2. あの人は誰ですか?
   저 사람은 누구예요?
3. これは海苔です。
   이것은 돌김이에요.
4. 私はフリーランスのアナウンサーです。
   저는 프리랜서 아나운서예요.
5. 父は医者です。
   아버지는 의사예요.
6. これは人参茶ですか?
   이것은 인삼차예요?
7. これ、いくらですか? *그거 (それ) 저거 (あれ) も覚えましょう
   이거 얼마예요?
8. ここがカロス (街路樹) 通りです。 *거기 (そこ) 저기 (あそこ)
   여기가 가로숫길이에요.
9. この人は私の秘書です。
   이 사람은 제 비서입니다.

□ 한국사람 韓国の人　□ 일본사람 日本の人　□ 이거 これ

「会話力9倍増フレーズ」で使われている重要単語の意味を紹介します。

魔法フレーズ学習法

それぞれのユニットは次のように学習しましょう。

STEP 1
「ポイント」でフレーズのしくみを、「使い方」でフレーズの具体的な用法を確認しましょう。

▼

STEP 2
CDで音声を聞いてみましょう。

▼

STEP 3
自分で声に出して言ってみましょう。声に出して練習することが会話力アップへの一番の近道です。

▼

STEP 4
STEP 2とSTEP 3を何度か繰り返しましょう。自然と口をついて出てくるまでになれば、実際に使えるようになります。

[学習のポイント]
・恥ずかしがらず声に出して練習しましょう。
・一度に多くのフレーズを覚えようとはせず、コツコツと確実に自分に合ったフレーズから身につけていきましょう。
・実際に使えるチャンスが来たら、フレーズを使ってみましょう。韓国語が通じるという自信が学習意欲を維持させます。

第1章

魔法のフレーズ
1〜10

まずは「〜ありますか?」や「〜です」などのすぐに使える頻出語尾フレーズから始めましょう。韓国内は全てハングル表記ですから、文字が読めないと食堂などで注文が出来ません。これを機に「話すための韓国語文法」でハングルの読み方もしっかり覚えましょう。

CD 2 ▶▶▶ CD 11

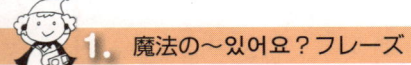

1. 魔法の〜있어요？フレーズ

생맥주 있어요?
<small>センメクチュ イッソヨ</small>

>生ビールありますか？

[主語＋있어요？／있어요.]

ポイント 있어요？（いますか？／ありますか？）、있어요．（います／あります）の基本形（辞書形）は있다です。「いる」と「ある」という２つの意味があり、人に対しても物に対しても使えます。フォーマルな語尾（합니다体）は있습니까？／있습니다．です。

使い方 会話では主語の次に続く助詞が省略されることがあります。
　場所を尋ねる時や、何があるのか物を尋ねる時などに使う어디에（どこに ☞ Unit 13 p.50）や뭐가（何が）などの疑問詞も一緒に覚えましょう。

남대문시장은 어디에 있어요? （南大門市場はどこにありますか？）
인사동에는 뭐가 있어요? （仁寺洞には何がありますか？）

　よく耳にする맛있어요？というフレーズも、直訳すると「味、ありますか？」という意味です。名詞の次に直接〜있어요？をつなげると「〜ありますか？」と物を尋ねるフレーズが作れます。カフェやファーストフードに入ってメニューを見なくても커피 있어요？（コーヒーありますか？）と尋ねることもできます。また、物や人以外の時間的概念や、精神や思想、宗教などの超時間的な概念も尋ねることが出来ます。

　両親や祖父母、先生など目上の人の存在を尋ねる時は、어디 계세요？（どこにいらっしゃいますか？）のように尊敬語の〜계세요？（〜いらっしゃいますか？）を使いましょう。

해보자! 会話力 9倍増フレーズ

1 生姜茶ありますか？

생강차 있어요?
(センガンチャ イッソヨ)

2 小銭ありますか？ ＊小銭が足りないとき友人に尋ねる

잔돈 있어요?
(チャンドン イッソヨ)

3 兄弟いますか？

형제 있어요?
(ヒョンジェ イッソヨ)

4 12時のチケットありますか？ ＊映画や劇場などの席を取るとき표（票）も可

12시 티켓 있어요?
(ヨルトゥ シ ティケッ イッソヨ)

5 空室ありますか？ ＊ホテルや旅館などに泊まるとき

빈방 있어요?
(ピンバン イッソヨ)

6 今日、時間ありますか？ ＊相手の予定などを尋ねたいとき

오늘 시간 있어요?
(オヌル シガン イッソヨ)

7 席ありますか？ ＊カフェやレストランなどが混雑している状況で尋ねるとき

자리 있어요?
(チャリ イッソヨ)

8 頭痛薬ありますか？

두통약 있어요?
(トゥトンヤク イッソヨ)

9 明日、約束があります。

내일 약속이 있어요.
(ネイル ヤクソギ イッソヨ)

□ 빈방　空室　　□ 방　部屋　　□ 시간　時間　　□ 시　時　　□ 약속　約束

2. 魔法の〜없어요. フレーズ

아무도 없어요.
(アムド オプソヨ)

>誰もいません。

[主語＋없어요．／없어요？]

ポイント　없어요．／없어요？の基本形は없다で있다の反対語です。人が「いない」、物が「ない」という２つの意味があります。フォーマルな語尾は없습니다．／없습니까？です。

使い方

　호텔에는 풀장이 없어요？（ホテルにはプールがありませんか？）など、日本語と同じように「〜ありませんか？」という疑問形の語尾で使うこともできます。その場合に使う主格助詞は가／이（〜が）です。

　「〜ありますか？」という問いに対して「〜ありません」と答える場合は、比較、強調の補助詞の는／은（〜は）を使います。韓国語の主格助詞は가／이（〜が）です。는／은（〜は）は強調するときに用います。体言の語尾には、김치のようにパッチムがない場合は가／는をつなげ、비빔밥のようにパッチムがある場合は이／은をつなげます。

　人や物に対しても使えますが、저 남자는 성의가 없어요．（あの男は誠意がありません）や 지위도 명예도 없어요．（地位も名誉もありません）などの概念にも使えます。韓国式マナーを学んでおけば 예의가 없어요．（礼儀がありません）と言われることもありません。

해보자! 会話力⑨倍増フレーズ

UNIT 1-10

① ボーイフレンドがいません。　*여자친구（ガールフレンド）
　남자친구가 없어요.

② 週末には約束がありません。
　주말에는 약속이 없어요.

③ 何もありません。　*冷蔵庫の中など物が空っぽなとき
　아무것도 없어요.

④ 明日は空席がありません。　*飛行機の席を確認したとき
　내일은 빈 좌석이 없습니다.

⑤ ユニさんは部屋にいません。
　윤희 씨는 방에 없어요.

⑥ 会場には駐車場がありません。
　회장에는 주차장이 없어요.

⑦ たいしたことありません。　*相手に「大丈夫だ」と伝えたいとき
　별일이 없어요.

⑧ 食欲がありません。
　식욕이 없어요.

⑨ タクシーが全然ありません。　*タクシーが全く来ないとき
　택시가 전혀 없어요.

□주말　週末　　□월말　月末　　□주차하다　駐車する

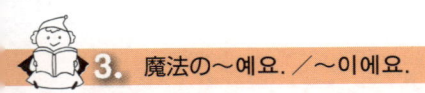

3. 魔法の〜예요./〜이에요. フレーズ

チョヌン イルボンサラ ミエヨ
저는 일본사람이에요.
> 私は日本人です。

[名詞+〜예요./〜이에요.、〜예요?/〜이에요?]

ポイント 〜예요./〜이에요.の基本形は이다（〜だ）で、名詞と代名詞につなげる四大用言のうちのひとつで指定詞といいます。フォーマルな語尾は입니다.（です）/입니까?（ですか）です。

使い方 일본사람（日本人）のように名詞の最後にパッチムがあるときは이에요.をつなげ、전화（電話）のようにパッチムがないときは예요.をつなげます。疑問文이에요?/예요?のときは語尾をあげて発音します。

비빔밥이에요.（ビビンパです）のように、語尾にパッチムのある体言に指定詞をつなげるときには発音に注意が必要です。「ピビ㎜パビエヨ」と밥のパッチムㅂが指定詞の이に連音化して、実際には【바비】と発音します。

이거 얼마예요?

해보자! 会話力 9 倍増フレーズ

① ボーイフレンドは韓国人です。
남자친구는 한국사람이에요.

② あの人は誰ですか？
저 사람은 누구예요?

③ これは海苔です。
이것은 돌김이에요.

④ 私はフリーランスのアナウンサーです。
저는 프리랜서 아나운서예요.

⑤ 父は医者です。
아버지는 의사예요.

⑥ これは人参茶ですか？
이것은 인삼차예요?

⑦ これ、いくらですか？　＊그거（それ）저거（あれ）も覚えましょう
이거 얼마예요?

⑧ ここがカロス（街路樹）通りです。　＊거기（そこ）저기（あそこ）
여기가 가로숫길이에요.

⑨ この人は私の秘書です。
이 사람은 제 비서입니다.

□ 한국사람　韓国の人　　□ 일본사람　日本の人　　□ 이거　これ

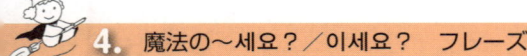

4. 魔法の〜세요？／이세요？　フレーズ

혹시 한국분이세요？
<small>ホクシ　ハングップ　ニ　セ　ヨ</small>

>ひょっとして韓国のかたでいらっしゃいますか？

[主語＋세요？／이세요？]

ポイント　基本形は이시다です。Unit 3（☞ p.22）で学習した指定詞이다（〜だ）に尊敬の接尾辞시をつなげた尊敬語形で、「〜でいらっしゃいますか？」と訳します。フォーマルな語尾は（이）십니다.／（이）십니까？ です。

使い方　선생님（先生）のように体言の語尾にパッチムがあるときは이세요？をつなげ、어머니（お母さん）のように語尾にパッチムがないときは세요？をつなげます。

上下関係がはっきりしている韓国では尊敬語は必須です。日本語と大きく違い、自分の両親や祖父母、社内の上司などに対しても敬語を使います。その他、目上の人の前ではタバコを吸わないなどの、韓国式マナーも沢山あります。

また、語尾にパッチムがある体言の場合は連音化しますので、発音に注意しましょう。

손님, 몇 분이십니까？

해보자! 会話力⑨倍増フレーズ

① 李基柱先生でいらっしゃいますか？
이기주 선생님이세요?

② お客様、何名でいらっしゃいますか？　＊분은 사람（人）の尊敬表現
손님, 몇 분이십니까?

③ ヨンミさんのお母様でいらっしゃいますか？
영미 씨 어머님이세요?

④ 私たちの大学の教授でいらっしゃいます。
우리 대학교 교수님이십니다.

⑤ あの方が私の父です。
저분이 저희 아버지세요.

⑥ この方が私どもの会長でいらっしゃいます。
＊役職には必ず님（様）がつく
이분이 저희 회장님이십니다.

⑦ おじいさんは80歳でいらっしゃいます。
할아버지는 80 세세요.

⑧ 奥様は専業主婦でいらっしゃいますか？　＊目上の人に対しては사모님（奥様）
아내분은 전업주부십니까?

⑨ 私の両親は在米韓国人でいらっしゃいます。
저희 부모님은 재미교포세요.

□분　方　　□님　様　　□교포　僑胞／自国外に住む同胞

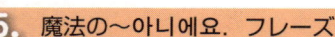

5. 魔法の〜아니에요. フレーズ

チョヌン ハクセン イ アニエヨ
저는 학생이 아니에요.

＞私は学生ではありません。

[主語＋아니에요．／아니에요？]

ポイント　基本形は아니다で、事実を否定するときに使う「〜ではありません」「〜じゃありません」という意味です。22ページで学習した指定詞이다の否定形です。フォーマルな語尾は、아닙니다．／아닙니까？です。

使い方　한국사람（韓国人）のように体言の語尾にパッチムがある場合は이 아니에요をつなげ、막걸리（マッコリ）のようにパッチムがない場合は가 아니에요をつなげます。会話では助詞의 가／이を省略することもあります。疑問文아니에요？は語尾だけを上げて発音します。

さらに、韓国語のあいづちを覚えましょう。

네．／예．（はい）
아니요．（いいえ）

저는 학생이 아니에요.

해보자! 会話力⑨倍増フレーズ

① あの俳優はパク・ドンハじゃありません。
저 배우는 박동하가 아니에요.

② それはマッコリではございません。
*합니다体を使うとより丁寧な表現になる
그건 막걸리가 아닙니다.

③ ここは新羅ホテルじゃありません。
여기는 신라호텔이 아니에요.

④ 妹は高校生じゃありません。　*대학생（大学生）중학생（中学生）
여동생은 고등학생이 아니에요.

⑤ 私の夫は韓国人ではありません。
제 남편은 한국사람이 아니에요.

⑥ 田中さんは主婦ではございませんか？
다나카 씨는 주부가 아닙니까?

⑦ こちらをまっすぐ行くと江南駅ではありませんか？
이쪽으로 쭉 가면 강남역 아니에요?

⑧ ジャージャー麺は中国料理ではありませんか？
*B級グルメの代表格黒いタレがかかった麺
짜장면은 중국요리가 아니에요?

⑨ これは私の履物ではありません。
이것은 제 신발이 아니에요.

□배우　俳優　　□신발　履き物　　□구두　靴

話すための韓国語文法

1 反切表

辞書の配列は、子音は上から順に、母音は左から順にこの表の通りで、辞書を引くときは子音を先に探してから、次に続く母音を探します。

子音＼母音	ㅏ [a]	ㅑ [ya]	ㅓ [ɔ]	ㅕ [yɔ]	ㅗ [o]	ㅛ [yo]	ㅜ [u]	ㅠ [yu]	ㅡ [ɯ]	ㅣ [i]
ㄱ [k/g]	가	갸	거	겨	고	교	구	규	그	기
ㄴ [n]	나	냐	너	녀	노	뇨	누	뉴	느	니
ㄷ [t/d]	다	댜	더	뎌	도	됴	두	듀	드	디
ㄹ [r/l]	라	랴	러	려	로	료	루	류	르	리
ㅁ [m]	마	먀	머	며	모	묘	무	뮤	므	미
ㅂ [p/b]	바	뱌	버	벼	보	뵤	부	뷰	브	비
ㅅ [s/ʃ]	사	샤	서	셔	소	쇼	수	슈	스	시
ㅇ [ϕ/ŋ]	아	야	어	여	오	요	우	유	으	이
ㅈ [tʃ/dz]	자	쟈	저	져	조	죠	주	쥬	즈	지
ㅊ [tʃh]	차	챠	처	쳐	초	쵸	추	츄	츠	치
ㅋ [kh]	카	캬	커	켜	코	쿄	쿠	큐	크	키
ㅌ [th]	타	탸	터	텨	토	툐	투	튜	트	티
ㅍ [ph]	파	퍄	퍼	펴	포	표	푸	퓨	프	피
ㅎ [h]	하	햐	허	혀	호	효	후	휴	흐	히
ㄲ [ʔk]	까	꺄	꺼	껴	꼬	꾜	꾸	뀨	끄	끼
ㄸ [ʔt]	따	땨	떠	뗘	또	뚀	뚜	뜌	뜨	띠
ㅃ [ʔp]	빠	뺘	뻐	뼈	뽀	뾰	뿌	쀼	쁘	삐
ㅆ [ʔs]	싸	쌰	써	쎠	쏘	쑈	쑤	쓔	쓰	씨
ㅉ [ʔtʃ]	짜	쨔	쩌	쪄	쪼	쬬	쭈	쮸	쯔	찌

合成母音	ㅐ	ㅒ	ㅔ	ㅖ	ㅘ	ㅙ	ㅚ	ㅝ	ㅞ	ㅟ	ㅢ
子音ㅇ [ϕ]	애	얘	에	예	와	왜	외	워	웨	위	의

2 母音

1. 基本母音

基本母音は全部で 10 個です。

A) 日本語のアを発音する時の口の形で発音（縦長の口）

   ㅇ+ㅏ=아　アと同じです

   ㅇ+ㅓ=어　アの口でオを発音します

B) 日本語のオを発音する時の口の形で発音（すぼめた口）

   ㅇ+ㅗ=오　オと同じです

   ㅇ+ㅜ=우　オの口でウを発音します

C) 日本語のイを発音する時の口の形で発音（左右に引っ張った口）

   ㅇ+ㅣ=이　イと同じです

   ㅇ+ㅡ=으　イの口でウを発音します

D) 日本語のヤを発音する時の口の形

   ㅇ+ㅑ=야　ヤと同じです

   ㅇ+ㅕ=여　ヤの口でヨを発音します

E) ヨとユは日本語とほぼ同じです

   ㅇ+ㅛ=요　ヨと同じです

   ㅇ+ㅠ=유　ユと同じです

2. 合成母音

合成母音は基本母音を元に 2 つの母音が合成されて出来た母音で、全部で 11 個あります。

A) 아+이=애 [ε・エー]　　야+이=얘 [yε・ィエー]

B) 어+이=에 [e・エ]　　여+이=예 [ye・ィエ]

C) 오+아=와 [wa・ワ]　　오+애=왜 [we・ゥエー]　　오+이=외 [we・ゥエ]

D) 우+어=워 [wɔ・ゥオ]　우+에=웨 [we・ゥエ]　　우+이=위 [ui・ウイ]

E) 으+이=의 [wi・ウィ]

3 子音

韓国語の子音は全部で 19 個あり、以下の 5 種類に分類されます。
(鼻音 3 個) ㄴㅁㅇ (流音 1 個) ㄹ (平音 5 個) ㄱㄷㅂㅈㅅ
(激音 5 個) ㅋㅌㅍㅊㅎ (濃音 5 個) ㄲㄸㅃㅉㅆ
母音と組み合わせて子音の種類を覚えましょう。

1. 鼻音・流音

나 [na] n 音、마 [ma] m 音、아 [φa] φ音、라 [ra] r 音

2. 平音

日本語の音よりも柔らかく息を吐きます。
가 [ka] k 音、다 [ta] t 音、바 [pa] p 音、자 [tʃa] tʃ音、
사 [sa] s 音

3. 激音

つばが飛ぶくらい強く発音します。
카 [kha] kh 音、타 [tha] th 音、파 [pha] ph 音、
차 [tʃha] tʃh 音、하 [ha] h 音

4. 濃音

日本語にはない息が全くもれない高い音です。
까 [ʔka] ʔk 　「がっかり」の「っか」
따 [ʔta] ʔt 　「言った」の「った」
빠 [ʔpa] ʔp 　「さっぱり」の「っぱ」
짜 [ʔta] ʔt 　「あっち」の「っち」
싸 [ʔsa] ʔs 　「あっさり」の「っさ」

4 パッチム

パッチムの種類は、子音(鼻音ㄴ/ㅁ/ㅇ、流音ㄹ、平音ㄱ/ㄷ/ㅂ/ㅈ/ㅅ、激音ㅋ/ㅌ/ㅍ/ㅊ/ㅎ、濃音ㄲ/ㅆ)の16個と、二重パッチム(ㄳ/ㄵ/ㄶ/ㄺ/ㄻ/ㄼ/ㄽ/ㄾ/ㄿ/ㅀ/ㅄ)の11個の合計27個ですが、n、m、ŋ、l、k、t、pの7つに分類することができます。

1. 代表的なパッチムの音

A) n音:ㄴ [n] (例) 눈 [nun]
B) m音:ㅁ [m] (例) 몸 [mom]
C) ŋ音:ㅇ [ŋ] (例) 방 [paŋ]
D) l音:ㄹ [l] (例) 말 [mal]
E) k音:ㄱ、ㅋ、ㄲ、ㄺ、ㄳ [-k] (例) 약 [ya⁻ᵏ]
F) t音:ㄷ、ㅅ、ㅈ、ㅊ、ㅌ、ㅆ [-t] (例) 곧 [ko⁻ᵗ]
G) p音:ㅂ、ㅍ、ㅄ [-p] (例) 밥 [pa⁻ᵖ]

2. 二重(2文字)パッチムの発音の仕方

A) 左側を発音するもの:
    밖/[k]【박】、삯/[k]【삭】、앉다/[n]【안따】、
    많다/[n]【만타】、있다/[t]【읻따】、곬/[l]【골】、
    핥다/[l]【할따】、앓다/[l]【알타】、없다/[p]【업따】

B) 右側を発音するもの:
    삶/[m]【삼】、읊다/[p]【읍따】

C) 母音の前では2つとも発音する:
    닭이→【달기】

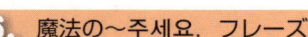

6. 魔法の〜주세요. フレーズ

^{ネイル} ^{チョナ} ^{ジュセヨ}
내일 전화 주세요.

> 明日、電話ください。

[主語＋주세요.]

ポイント 基本形は주다です。주세요（ください）という表現は食べ物を注文するときやショッピングのときに使います。フォーマルな語尾は주십시오. です。

使い方 주다には、「お父さんがお小遣いを주다（くれる）」（受け取る立場）という意味と、「子供にお小遣いを주다（与える）」（相手に与える立場）の2つの意味があります。体言の後に주세요をそのままつなげることも出来ますが、助詞をつける場合は를／을（を）をつなげます。体言の語尾に김치（キムチ）のようにパッチムがない場合は를をつなげて、비빔밥（ビビンパ）のようにパッチムが有る場合は을をつなげます。

전화해 주세요. （電話してください）のように、전화하다（電話する）などの用言を活用して（第Ⅲ活用）〜주세요. をつなげると、「〜（し）てください」という依頼文を作ることができます。（☞「第Ⅲ活用」p.44参照）

해보자! 会話力⑨倍増フレーズ

① お水ください。
물 좀 주세요.

② キムチ、もう少しください。
김치 좀 더 주세요.

③ これください。 ＊買う品物が決まったときに使う
이거 주세요.

④ メールを確認してください。
메일을 확인해 주세요.

⑤ 手伝ってください。
도와주세요.

⑥ 気をつけて使ってください。
조심히 사용해 주세요.

⑦ 子供の時の写真、見せてください。
어릴 때 사진 보여주세요.

⑧ 私を覚えていてください。
저를 기억해 주세요.

⑨ このメモ、伝えてください。 ＊伝言をお願いするとき
이 메모 좀 전해 주세요.

□ 사용하다　使用する　　□ 어릴 때　子供の時／幼い頃
□ 기억하다　記憶する

7. 魔法の〜ㅆ어요. フレーズ

<small>ク トンアン ポゴ シッポッソ ヨ</small>
그동안 보고 싶었어요.

> ずっと会いたかったです。

[用言＋ㅆ어요.]

CD 8

ポイント 頻出語尾である過去形を覚えましょう。体言＋였어요／이었어요（〜でした）、用言＋ㅆ어요（〜ました）。フォーマルな語尾はㅆ습니다（〜ました）／ㅆ습니까？（〜ましたか？）です。

使い方 体言を過去形にするときは、교사이다（教師だ）のように名詞の後ろにつなげる指定詞이다の語幹末（다の前）を過去形にします。교사였어요.（教師でした）のように体言の語尾にパッチムがないときは였어요をつなげ、선생님이었어요.（先生でした）のように語尾にパッチムがあるときは이었어요をつなげます。

また、받았어요.（受けました）の基本形の받다のように用言の語幹末（다の前）の母音が陽母音（ㅏ、ㅑ、ㅗ）のときは次に았어요.をつなげ、먹었어요.（食べました）の基本形の먹다のように語幹末の母音が陰母音（用母音以外）の場合は었어요？をつなげます。（☞「第Ⅲ活用」p.44 参照）

남자친구랑 헤어졌어요.

해보자! 会話力9倍増フレーズ

1 晩御飯を作りました。
저녁을 만들었어요.

2 昨日、友人に会いました。　＊을/를 만나다（〜に会う）
어제 친구를 만났어요.

3 私たち結婚しました。　＊日本語の「結婚しています」も過去形で表現する
우리 결혼했어요.

4 映画が面白かったです。
영화가 재미있었어요.

5 うちにお客さんが来ました。
집에 손님이 왔어요.

6 試験に落ちました。
시험에 떨어졌어요.

7 パク・ヨンミンさんはオフィスにいませんでした。
박영민 씨는 사무실에 없었어요.

8 昨日は忙しすぎました。　＊너무は「（あまりにも）〜過ぎる」という訳で使える
어제는 너무 바빴어요.

9 彼氏と別れました。
남자친구랑 헤어졌어요.

□결혼　結婚　　□이혼　離婚　　□사무실　事務室

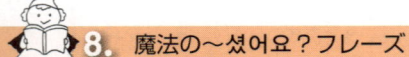

8. 魔法の〜셨어요？フレーズ

チョニョク ムォ トゥショッソヨ
저녁 뭐 드셨어요?
> 夕食、何を召し上がりましたか？

[用言＋셨어요？／셨어요.]

ポイント 셨어요？（なさいましたか？／〜ございましたか？）、셨어요.（なさいました／ございました）は尊敬語を過去形にした語尾です。尊敬語の基本形は、Ⅱ-시다という接尾辞です。動作にも人にも使えます。フォーマルな語尾は、셨습니까？／셨습니다. です。

使い方 会話の中では、主語に続く助詞が省略されることがあります。韓国では上下関係をとても大切にしますので、目上の人には必ず尊敬語を使うようにしましょう。尊敬形を作るには第Ⅱ活用を使います。（☞「第Ⅱ活用」p.43参照）用言の基本形から語尾の다を取り、전화하다（電話する）のように用言の語幹末にパッチムがなければそのまま셨어요？をつなげ전화하셨어요？とし、받다のように語幹末にパッチムがあれば次に으셨어요？をつなげ받으셨어요？とします。

　Unit 4（☞ p.24）で学んだ指定詞の尊敬形を過去形にする場合は、基本形시다（体言にパッチムなし）／이시다（体言にパッチムあり）をそれぞれ셨어요？／이셨어요？と変化させます。

해보자! 会話力⑨倍増フレーズ

① 週末は何をなさいましたか？　＊무엇（何）の縮約形が뭐
주말에는 뭐 하셨어요?
チュマレヌン ムォ ハショッソヨ

② おじいさんが医者でいらっしゃいましたか？
할아버지가 의사셨어요?
ハラボジガ ウィサショッソヨ

③ 今日1日どのように過ごされましたか？
오늘 하루 어떻게 보내셨어요?
オヌル ハル オットッケ ポネショッソヨ

④ キム先生に電話されましたか？　＊께は에게の尊敬形
김 선생님께 전화하셨어요?
キム ソンセンニムッケ チョナハショッソヨ

⑤ 連休お楽しみになりましたか？　＊直訳すると「よく過ごされましたか？」
연휴 잘 보내셨어요?
ヨニュ チャル ポネショッソヨ

⑥ 私をお呼びになりましたか？
저 부르셨어요?
チョ プルショッソヨ

⑦ その方がお母さんでいらっしゃいましたか？
그분이 어머니셨어요?
クブニ オモニショッソヨ

⑧ たった今、なんておっしゃいましたか？　＊驚いてとっさに聞き返すとき
방금 뭐라고 하셨어요?
パングム ムォラゴ ハショッソヨ

⑨ 風邪、引かれましたか？
감기 걸리셨어요?
カムギ コルリショッソヨ

□ 어떻게　どのように　　□ 전화하다　電話する　　□ 연휴　連休
□ 휴가　休暇

9. 魔法の〜지요. フレーズ

오늘은 덥지요.
　　オ　ヌルン　トプチョ

＞今日は暑いですよね。

[用言＋지요.]

ポイント　肯定文にすると「〜でしょう？」、「〜ですよね」となります。話者の強い問いただしの意志表現や、話し手と聞き手が共に知る事実への確認をする終結語尾です。

使い方　이거 재미있지. (これ面白いだろ) のように、ドラマの中でたびたび耳にする反말 (ため口) の語尾は Ⅰ-지 (〜だろ／〜よね) です。第Ⅰ活用 (用言の基本形の語尾다を取って) から지요をつなげます。(☞「第Ⅰ活用」p.42 参照)

その他にも、영주가 먼저 연락했겠지. (ヨンジュが先に連絡しただろうよ) のように過去形Ⅲ-ㅆにつなげることも、선생님도 오시겠죠. (先生もお見えになるでしょうね) のように未来形Ⅰ-겠につなげることもできます。죠と縮約して表記、発音することもあります。

오늘은 덥지요.

해보자! 会話力⑨倍増フレーズ

① ご一緒しましょう。　＊直訳すると「一緒に行きますよね」
　　　같이 가지요.

② それ、いいでしょう。
　　　그거 좋지요.

③ お先にどうぞ。
　　　먼저 가시지요.

④ 日本と言えば寿司でしょう。
　　　일본하면 초밥이지요.

⑤ 年末はいつも忙しいでしょう？
　　　연말에는 항상 바쁘지요.

⑥ その仕事は私がしますね。
　　　그 일은 제가 하지요.

⑦ ちょっと休んでまた始めましょう。
　　　좀 쉬다가 다시 시작하지요.

⑧ 涼しいでしょう？　＊춥지요.（寒いでしょう？）
　　　시원하지요.

⑨ 私の妹可愛いでしょ？
　　　내 여동생 예쁘지.

□같이　一緒に　　□먼저　先に　　□바쁘다　忙しい
□예쁘다　きれい

10. 魔法の〜군요. フレーズ

オヌルン ナルッシガ チョンマル チョックンニョ
오늘은 날씨가 정말 좋군요.

> 今日は本当に天気がいいですね。

[用言＋군요.]

CD 11

ポイント 用言の語幹、または連体形に接続される군요（〜ですね）等の感嘆詞の語尾です。口語のため口では군／구나（〜だね）が使われます。

使い方 한국말 잘하시는군요.（韓国語がお上手ですね）などと、現在起こっている出来事（動詞）を活用するときは連体形Ⅰ-는（☞「現在連体形」p.112 参照）に군요をつなげます。ただし、例文中の시は尊敬の接尾辞です。

また、現在起きている事象を見てその事実を形容するとき（形容詞や存在詞、指定詞を使うとき）は語尾の다をとってから군요をつなげます。

| 따님이 예쁘시군요.（娘さんおきれいですね）
| 맛있군요.（美味しいですね）

その他にも、잘했구나.（よく頑張ったね）など過去を表したいときは過去形Ⅲ-ㅆに구나をつなげ、내일은 춥겠구나.（明日は寒そうだな）などの未来を表したいときは未来形のⅠ-겠に구나をつなげます。

해보자! 会話力 9 倍増フレーズ

① この食べ物は辛いですね。　＊음식점（飲食店）、식당（食堂）
   이 음식은 맵군요.

② おもしろすぎますね。
   너무 재미있군요.

③ 忙しそうですね。　＊尊敬の表現は바쁘시겠군요.（お忙しそうですね）尊敬の接尾辞시
   바쁘겠군요.

④ お疲れでしょうね。
   피곤하시겠군요.

⑤ 上手に歌いますね。
   노래를 잘 부르는군요.

⑥ 実に背が高いですね。　＊背は높다（高い）ではなくて크다（大きい）
   키가 참 크시군요.

⑦ 本当に運がいいですね。　＊운이 나쁘다（運が悪い）
   정말 운이 좋군요.

⑧ あの人がジュンホさんのお父さんですね。
   저 사람이 준호 씨의 아버지시군요.

⑨ 今日が初めてでいらっしゃいますね。
   오늘이 처음이시군요.

□음식　食べ物　　□피곤하다　疲れる　　□운이 좋다　運が良い

話すための韓国語文法 ❷

1 用言の種類

　韓国語の四大用言は動詞、形容詞、存在詞（있다／없다の 2 種類のみ）、指定詞（名詞のあとにつく이다／아니다の 2 種類のみ）です。

2 活用の種類

　韓国語の基本的な活用形は第Ⅰ活用、第Ⅱ活用、第Ⅲ活用の 3 種類です。

1．基本形のしくみ
　基本形のままでは文章を作ることは出来ません。活用する際には、語幹末のパッチムの有無と、語幹末が陽母音か陰母音かに注視します。
　일하다（働く）　먹다（食べる）
　全ての用言は語幹（다の前の部分全て）と語尾（다の部分）で構成されており、語幹末とは、語尾の直前の下線部の部分を指します。
　일하다は語幹末にパッチムがありませんが、먹다は語幹末にパッチムがあります。일하다は語幹末の母音が陽母音（ト／ㅑ／ㅗ）ですが、먹다は語幹末の母音が陰母音（ト／ㅑ／ㅗ以外）です。

2．第Ⅰ活用
　第Ⅰ活用は、基本形から語尾の다を取ってから希望の助動詞-고 싶다（～たい）や意思形-겠（～ます）などのさまざまな公式をつなげます。
　보다（見る）　　보＋公式　　（例）보고 싶다（見たい）
　먹다（食べる）　먹＋公式　　（例）먹고 싶다（食べたい）

3. 第Ⅱ活用

　第Ⅱ活用は、基本形から語尾の다を取り、用言の語幹末にパッチムがなければそのまま仮定の連結語尾-면（〜れば）や尊敬の接尾辞-시（〜なさる）などのさまざまな公式をつなげ、語幹末にパッチムが有れば으をつなげた後にさまざまな公式をつなげます。

　오다（来る）오＋公式　　　（例）오면（来れば）
　있다（ある）있으＋公式　　（例）있으면（あれば）

〈活用一覧表〉

活用の種類	用言	語幹	
第Ⅰ活用	보다	보	
	먹다	먹	
第Ⅱ活用	보다	パッチム無	보
	먹다	パッチム有	먹으
第Ⅲ活用	받다	陽母音	받아
	먹다	陰母音	먹어

4. 第Ⅲ活用

　第Ⅲ活用は基本形から語尾の다を取ってから、語幹末の母音を確認します。母音がト／ㅑ／ㅗと3種類の陽母音である場合は次に아をつなげ、それ以外の陰母音である場合は次に어をつなげます。それらの活用のあとに過去形-ㅆ（〜た）や理由・先行動作の連結語尾-서（〜て）などさまざまな公式をつなげます。

A) 用言の語幹末が陽母音ト／ト／ⅎの用言は次にトを接続します。
   받다（受ける）받아＋公式
B) 用言の語幹末が陽母音以外の用言は次にㅓを接続します。
   먹다（食べる）먹어＋公式
C) 第Ⅲ活用にてト／ㅓのどちらかを接続したときに、同じ母音が続く場合は母音の同化現象を起こし、ト／ㅓのうち1つが脱落します。
   가다（行く）가아→가＋公式
D) 第Ⅲ活用にてト／ㅓを接続した後、縮約（合成母音化）出来る用言はそれぞれ合成母音にします。
   오다（来る）오아→와＋公式（例）왔어요．（来ました）
   배우다（習う）배우어→배워＋公式
   （例）배웠어요．（習いました）
   되다（なる）되어→돼＋公式（例）됐어요．（なりました）
   기다리다（待つ）기다리어→기다려＋公式
   （例）기다렸어요．（待ちました）

用言の中には随意的に「와／오아」「워／우어」「여／이어」どちらを用いても良いことになっているものもあります。
（例）보다（見る）、-보아-봐／고다（煮込む）、
-고아-과／주다（あげる／くれる）、-주어-줘／두다（置く）、
-두어-둬／하시다（なさる）、-하시어-하셔／되다（なる）、
-되어-돼
特殊な変化をする하다用言は活用後の形をそのまま暗記しましょう。
（例）하다（する）해＋公式

第2章

魔法のフレーズ 11〜20

「いくらですか？」や「いつですか？」など数量や時間を尋ねるフレーズや、「どこですか？」や「どうしてですか？」など場所や理由を尋ねるフレーズの他にも、方法や手段を尋ねる頻出フレーズが満載です。旅行会話では最低限必要なフレーズばかりですので何度も繰り返して覚えましょう。

CD 12 ▶▶▶ CD 21

11. 魔法の얼마〜フレーズ

전부 얼마예요?
チョンブ オルマ エヨ

> 全部でいくらですか？

[얼마＋用言]

CD 12

ポイント 値段や数量などを尋ねる言葉です。程度を尋ねることもできます。이거 얼마예요？（これいくらですか？）は、旅行会話での頻出フレーズです。

使い方 얼마나（どれくらい）を使って사람이 얼마나 많아요？（どれくらい人が多いのですか？）と尋ねることもできます。また、한국에 온 지 얼마나 됐어요？（韓国に来てどれくらいになりましたか？）という質問に対して、한국에 온 지 얼마 안 됐어요．（韓国に来ていくらでもありません）という頻出フレーズもあります。

以下の応用フレーズも見てみましょう。
〈얼마든지（いくらでも）〉
　얼마든지 있어요．（いくらでもあります）
〈얼마간（しばらくは）〉
　얼마간 보지 못했어요．（しばらく会えませんでした）
〈얼마만큼（どれくらい）／얼마쯤（どれくらい）〉
　돈이 얼마쯤 들겠어요？（どれくらいお金がかかりますか？）

해보자! 会話力9倍増フレーズ

1 いくら出せばいいですか？ ＊支払いのときに
얼마 내면 돼요?

2 慶州までどれくらいかかりますか？
경주까지 얼마나 걸려요?

3 お金、いくらくれる？
돈 얼마 줄거야?

4 あとどれくらい行くのですか？ ＊距離を尋ねるときに
얼마나 더 가나요?

5 いくらも残っていませんよ。 ＊物や時間の残量をいうときに
얼마 남지 않았어요.

6 どれくらい痛いですか？
얼마나 아프세요?

7 試験までいくらも残っていません。 ＊試験が近付いているときに
시험이 얼마 남지 않았어요.

8 大体いくらなのか教えてください。
대충 얼마인지 알려주세요.

9 韓国にはどれくらいお住まいになりましたか？
한국에는 얼마나 사셨어요?

□남다　残る　　□아프다　痛い　　□살다　住む

12. 魔法の언제〜フレーズ

언제 가요?
オンジェ ガ ヨ

>いつ行きますか？

［언제＋用言］

ポイント 언제（いつか）は、決まった時を尋ねる指示代名詞ですが、언제 한 번 만나요.（いつか一度会おう）など、漠然とした時を表すこともできます。

使い方 언제든지 오세요.（いつでも来てください）、언제라도 괜찮아요.（いつでも大丈夫です）、언제든 전화해.（いつでも電話しろよ）など、助詞の든／든지／라도などと共に使われるときは、日時などが決まっていないことを表します。

また、언제라도 와도 돼.（いつ来てもいいよ）のように언제の後ろに活用したⅢ－도（〜ても）が続く時も、特に時が決まっていない状況を表します。

생일 언제예요？（誕生日、いつですか？）のように、特定の日にちや時間を尋ねるときは指定詞をつなげた語尾を使います。

생일은 언제세요？

해보자! 会話力⑨倍増フレーズ

① いつ来たのですか?
언제 왔어요?

② いつたつのですか? *출발하다（出発する）も使える
언제 떠나요?

③ 仕事はいつ終わりますか?
일은 언제 끝나요?

④ 誕生日はいつですか?
생일은 언제세요?

⑤ 私がいつそう言った? *身に覚えのない発言に対して
내가 언제 그랬어?

⑥ その話をいつ聞いたっけ?
그 이야기를 언제 들었지?

⑦ 休暇はいつからですか? *방학（学生の長期の休み）
휴가는 언제부터예요?

⑧ 本はいつ買えばいいですか?
책은 언제 사면 되나요?

⑨ いつかまた遊びに来てください。 *Ⅱ-러 오다（~しに来る）
언제 또 놀러 오세요.

□떠나다 発つ □끝나다 終わる □이야기 話 □또 また

13. 魔法のどこ〜フレーズ

어디 가세요?
> オディ   カセヨ

> どちらに行かれるのですか？

[어디＋用言]

ポイント 어디에요？（どこですか？）や、어디세요？（どちらですか？）のように場所を尋ねる疑問代名詞です。フォーマルな表現は어디입니까？／어딥니까？（指定詞縮約形）、어디십니까？（どちらでございますか？）です。

使い方 어디세요？（どちら様ですか？）は、누구세요？（どなたさまですか？）と同様に電話口で相手を尋ねるときにも使えます。

また、特定の場所を指定しない表現にも使えます。
| 어디 갔나？（どこ行ったのかな？）
| 어디 갔다 올게.（どっか行ってくるね）
| 어디 보자.（どれ、見てみよう）
※宿題などを見てあげるようなとき

その他にも、어디서（どこから／どこで）、어디어디（どこどこ）、어디든지（どこでも）、어딘가（どこか）なども覚えておくと便利です。지갑을 어디다 떨어뜨린 것 같아요.（お財布をどこかに落としてきたみたいです）は、落し物をした時に覚えておくと便利なフレーズです。

해보자! 会話力 9 倍増フレーズ

1 どちらにお住まいですか？
어디 사세요?

2 今どこにいますか？
지금 어디 있어요?

3 故郷はどちらですか？
고향은 어디세요?

4 どこに置きましょうか？
어디에 놓을까요?

5 テウクのどこがいいの？
태욱이의 어디가 좋아?

6 どこが痛いですか？　＊아프다は（具合が悪い）という訳し方もできる
어디가 아프세요?

7 ちょっとどこか出かけてきます。　＊行き先を告げないときに
어디 좀 다녀오겠습니다.

8 どこで買えますか？　＊팔다（売る）
어디서 살 수 있어요?

9 シンファはどこに住んでいるのか分かりません。
  ＊Ⅰ-는지 모르다（〜ているのか分からない）
신화는 어디 사는지 모르겠어요.

□고향　故郷　　□사다　買う

14. 魔法の〜어때요?フレーズ

커피 한 잔 어때요?
（コピ　ハン　ジャン　オッテヨ）

> コーヒー１杯どうですか？

[名詞＋어때요？]

CD 15

ポイント　基本形は어떻다（どうだ）で、事物の性質や状態を尋ねる疑問詞です。フォーマルな語尾は、어떻습니까？（いかがですか？）です。

使い方　어떻다にⅠ-게をつなげることで어떻게（どのように）という副詞を作り、方法を尋ねることができます。

| 어떻게 가면 돼요？（どうやって行けばいいですか？）
| 이거 어떻게 써요？（これ、どうやって使うのですか？）
| 그동안 어떻게 지내셨어요？
|　（その間どのようにお過ごしでしたか？）

※久しぶりに再会したときの定番フレーズです。

また、어떤（どんな）に名詞をつなげるとそれらの種類を尋ねることができます。

| 어떤 음식이에요？（どんな食べ物ですか？）
| 어떤 사람이에요？（どんな人ですか？）
| 어떤 맛이에요？（どんな味ですか？）
| 어떤 게 있어요？（どんなものがありますか？）

해보자! 会話力倍増フレーズ

① 明日の天気はどうですか？
내일 날씨 어때요?

② 最近、仕事どう？ *うまくいっているかどうか尋ねるときに
요즘 일은 어때?

③ 今日の気分はどうですか？
오늘 기분은 어때요?

④ その人どうだった？ *出会いの感想を尋ねるときに
그 사람 어땠어?

⑤ この音楽どう？気に入った？
이 음악 어때? 마음에 들었어?

⑥ それがどうだって？ *「それがどうしたって言うんだ」というニュアンス
그게 어때서?

⑦ 試験はどうでしたか？
시험은 어땠어요?

⑧ どんな人が好きですか？
*어떤 名詞+이／가 좋아요？で相手の嗜好を尋ねることが出来る
어떤 사람이 좋아요?

⑨ どう？私が言ったとおりでしょ？
어때, 내가 말한 대로지?

☐날씨 天気 ☐기분 気分 ☐음악 音楽

15. 魔法の〜뭐예요？フレーズ

그 회사 이름이 뭐예요？
ク　フェサ　イルミ　ムォエヨ

> その会社の名前は何ですか？

[主語＋뭐예요？]

ポイント 뭐예요？（何ですか？）の使い方は日本語とほぼ同じです。名前や内容について知らないとき、またははっきりしない事物を指す指示代名詞です。フォーマルな語尾は무엇입니까？です。

使い方 友達同士であれば뭐？（何？）だけを使ってもかまいません。
　이거 뭐예요？（これ、何ですか？）のように、이거（これ）、그거（それ）、저거（あれ）などの指示代名詞（☞「指示代名詞」p.98 参照）の後ろにつなげれば、物について尋ねることが出来ます。韓国語の主格助詞は가／이（が）ですので、이게 뭐예요？（これが何ですか？）と尋ねることは間違いではありません。

　類似表現では、무슨 음식을 좋아해요？（どんな食べ物が好きですか？）、무슨 색 좋아하세요？（何色がお好きですか？）など、名詞の前に무슨（何の／何／どんな／どういう）をつけると、物事への疑問を表すことができます。この時、「どんな」「どういう」は意訳です。また、오늘은 무슨 일로 오셨습니까？（今日はどんなご用件でお見えですか？）は、受付や窓口などでお客様に対して使うことができます。

해보자! 会話力 9 倍増フレーズ

1 これは何ですか？
이건 뭐예요?

2 旦那様のご職業は何ですか？
남편분 직업이 뭐예요?

3 今週の宿題は何ですか？
*지난주（先週）、다음 주（来週）も覚えておくと便利
이번 주 숙제가 뭐예요?

4 あのビルは何ですか？
저 빌딩은 뭐예요?

5 映画のタイトルが何ですか？
영화 제목이 뭐예요?

6 今日は何曜日ですか？
오늘은 무슨 요일이에요?

7 何かありましたか？ *何かトラブルでも起きたのかと尋ねるときに
무슨 일이 생겼어요?

8 一体この物は何ですか？
도대체 이 물건이 뭐예요?

9 何を言えばいいのか分かりません。 *言うべき言葉が見つからないときなど
무슨 말을 해야 할지 모르겠어요.

□직업　職業　　□숙제　宿題　　□제목　題目／タイトル　　□물건　物

話すための韓国語文法 ③

1 数詞

韓国語には、日本語で言う「ひとつ、ふたつ、みっつ…」のような固有数字と「いち、に、さん…」のような漢数字の2種類があります。数詞一覧表を見てみましょう。

	0	1	2	3	4	5
漢数字	영	일	이	삼	사	오
固有数字	공	하나 *한	둘 *두	셋 *세	넷 *네	다섯

	6	7	8	9	10
漢数字	육	칠	팔	구	십
固有数字	여섯	일곱	여덟	아홉	열

＊固有数字の1～4と20（스물→스무）は、後ろに助数詞がつくと形が変わります。

백（百）、천（千）、만（万）は、それぞれ백 원（100 ウォン）、천 원（1,000 ウォン）、만 원（10,000 ウォン）となります。

2 助数詞

数字の後ろにつける助数詞も2種類あります。

漢数字につく助数詞	개（個） 시（時） 시간（時間） 사람（人） 명（名） 살（才） 번（回／番） 잔（杯） 권（冊／巻） 장（枚） 병（本／瓶） 원（ウォン＝韓国のお金の単位） 번째（回目／番目） 마리（匹） 대（台） 접시（皿） 그릇（膳）
固有数字につく助数詞	월（月） 일（日） 년（年） 원（ウォン） 분（分） 초（秒） 호선（号線） 인분（人分）

＊번째（回目）は1番目のときのみ일ではなく첫を使い、첫번째（1回目）となります。

〈助数詞がとっさに思いつかないときは〉

固有数字をそのまま使って、냉면 하나 주세요．（冷麺、ひとつください）のように言うこともできます。

3 時間

時間の単位は固有数詞を使い、分の単位は漢数字を使います。

1. 時間

1 時	2 時	3 時	4 時	5 時	6 時
한 시	두 시	세 시	네 시	다섯 시	여섯 시
7 時	8 時	9 時	10 時	11 時	12 時
일곱 시	여덟 시	아홉 시	열 시	열한 시	열두 시

2. 分

5 分	10 分	15 分	20 分	30 分	半
오 분	십 분	십오 분	이십 분	삼십 분	반
40 分	50 分	15 分前	10 分前	5 分前	
사십 분	오십 분	십오 분전	십 분전	오 분전	

韓国では 17 時、18 時などの表現は日常ではあまり使われず、아침~시(朝~時)、오전~시(午前~時)、오후~시(午後~時)、저녁~시(夕方~時)という表現をします。

〈時間を尋ねる疑問詞〉

지금 몇 시입니까? (今何時ですか?)
8 시 10 분입니다. (8 時 10 分です)
＊時間の表記は数字、読み方はハングル

4 月日と曜日

1. 月日

1月	2月	3月	4月	5月	6月
일월	이월	삼월	사월	오월	*유월
7月	8月	9月	10月	11月	12月
칠월	팔월	구월	*시월	십일월	십이월

＊6月と10月のみ数字の形が変わります。

〈日にちや生まれ年などを尋ねるフレーズ〉

Q：오늘은 몇 월 며칠입니까? （今日は何月何日ですか？）
A：십일월 삼십일입니다. （11月30日です）
Q：몇 년생입니까? （何年生まれですか？） ＊西暦を尋ねます
A：칠십 년생입니다. （70年生まれです） ＊西暦の下二桁で答えます

2. 曜日

月曜日	火曜日	水曜日	木曜日	金曜日	土曜日	日曜日
월요일	화요일	수요일	목요일	금요일	토요일	일요일

〈曜日を尋ねるフレーズ〉

Q：오늘은 무슨 요일입니까? （今日は何曜日ですか？）
A：수요일입니다. （水曜日です）

16. 魔法の왜〜？フレーズ

왜 한국말 공부하세요?
(ウェ ハングンマル コンブ ハセヨ)

> どうして韓国語を勉強しているのですか？

[왜＋用言]

ポイント 왜（なぜ／どうして）は理由を尋ねる疑問代名詞です。왜냐하면（なぜならば）という理由を伝えるための副詞も覚えておきましょう。

使い方 왜の後続の文章は否定文やネガティブな文が多く使われますが、肯定文を使うこともできます。否定文は動詞の前に안をつけます。하다動詞の場合は하다の直前に안をつけます。（☞「否定文」p.62参照）

- 왜 없어요？（どうしてないのですか？）
- 왜 늦었어요？（なぜ遅れたのですか？）
- 왜 울었어？（どうして泣いたの？）
- 왜 복습 안 했어요？（どうして復習をしなかったのですか？）

왜 늦었어요?

해보자! 会話力倍増フレーズ

① どうして韓国ドラマが好きなのですか？
왜 한국 드라마를 좋아하세요?

② 釜山にはなぜ行っていたのですか？
*ㅆ었어요（過去形が重なると大過去を表現）
부산에는 왜 갔었어요?

③ どうして自動車を売ったのですか？
왜 자동차를 팔았어요?

④ どうしてこんなに遅れて来たのですか？
*用言の語幹に게をつなげると副詞が作れる
왜 이렇게 늦게 왔어요?

⑤ どうして電話したのですか？　*必ずしもネガティブな意味ではない
왜 전화했어요?

⑥ どうしてその人が嫌いなのですか？
왜 그 사람을 싫어해요?

⑦ どうして病院に行かないのですか？
왜 병원에 안 가요?

⑧ どうしてコーヒーを飲まないのですか？
왜 커피를 안 마셔요?

⑨ 昨日のパーティーにはどうして来なかったのですか？
어제 파티에는 왜 안 왔어요?

□자동차　自動車　　□차　車　　□병원　病院

17. 魔法の안〜. フレーズ

チョヌン テルレ ビ ジョヌル　アン　ボァ ヨ
저는 텔레비전을 안 봐요.
>私はテレビを見ません。

[안＋用言]

CD 18

ポイント 저는 안 가요.（私は行きません）や、별로 안 좋아.（別に良くない）「〜ない」のように、動詞／形容詞の否定文は用言の前に안をつけます。

使い方 하다用言のときは하다の直前に안を入れます。会話では안が多く使われ、文語では長文の否定形Ⅰ-지 않다が使われます。丁寧に拒否したい場合は시간이 없어서 갈 수 없습니다.（時間が無くて行くことが出来ません）のようにⅡ-ㄹ 수 없다（〜することができない）や못＋用言（〜できない）などの不可能表現を使うといいでしょう。

〈形容詞を使う場合〉
否定形を用いずに、「忙しい」⇔「暇だ」のように形容詞の反対語を使うことも可能です。

내일은 일이 바빠요.（明日は仕事が忙しいです）
　　→ 주말은 한가해요.（週末は暇です）

〈存在詞있다の否定形〉
없다を使います。

맛있어요.（美味しいです）→ 맛없어요.（まずいです）
시간이 있어요.（時間があります）→ 시간이 없어요.（時間がありません）

〈指定詞이다の否定形〉
아니다を使います。

이건 책이에요.（これは本です）
　　→ 이건 책이 아니에요.（これは本ではありません）

会話力 9 倍増フレーズ

1 明日は会社に行きません。
내일은 회사 안 가요.

2 私は寝る前にお茶を飲みません。
저는 자기 전에 차를 안 마셔요.

3 何故一緒に行かないの？
왜 같이 안 가?

4 部長は絶対に怒りません。
부장님은 절대 화를 안 내요.

5 その辞書良くないよ。
그 사전 안 좋아.

6 ダイエット中なので晩御飯は食べません。　*아침（朝ごはん）、점심（昼ごはん）
다이어트 중이어서 저녁은 안 먹어요.

7 ヨンミンさんは今日は来ませんか？
영민 씨는 오늘은 안 와요?

8 今日お酒飲みに行かない？
오늘 술 마시러 안 갈래?

9 今日も勉強しなかった。
오늘도 공부 안 했어.

□사전　辞典／辞書　　□술　酒　　□공부　勉強

18. 魔法の〜고 싶어요. フレーズ

한국에 여행 가고 싶어요.
<ハング ゲ ヨヘン カゴ シッポヨ>

> 韓国に旅行したいです。

[用言+고 싶어요]

ポイント 希望を表す助動詞です。用言の語尾の다を取ってから고 싶어요をつなげます。基本形はⅠ-고 싶다（〜したい）です。

使い方 싶어요.（〜たいです）、싶어요?（〜たいですか?）の後ろにⅡ-ㄴ데요をつなげると、会話でよく使われるⅠ-고 싶은데요.（〜たいんですが）という婉曲表現を作ることが出来ます。

また、여동생이 만화를 보고 싶어해요.（妹が漫画を見たがっています）のように、主語を三人称にしたいときには、Ⅰ-고 싶어하다（〜たがる）を使います。

他にも、그 사람을 빨리 잊어버렸으면 싶어요.（その人を早く忘れてしまえばいいのに）のようにⅢ-ㅆ으면 좋겠다（〜だったらいいな）と同じく、話者の希望を表すⅢ-ㅆ으면 싶다という表現もあります。

여행 가다（旅行に行く）、출장 가다（出張に行く）など、一般的には하다（する）よりも가다（行く）という表現を使います。요즘 어디론가 떠나고 싶어요.（最近どこかに旅立ちたいです）もよく使われるフレーズです。

해보자! 会話力⑨倍増フレーズ

① もうちょっとだけ眠りたいです。
조금만 더 자고 싶어요.

② 大人になりたいです。　＊名詞+이/가 되다（～になる）
어른이 되고 싶어요.

③ 異性の友人と付き合いたいです。
이성친구를 사귀고 싶어요.

④ 毎日遊びたいです。　＊날마다は（毎日）という固有語
매일 놀고 싶어요.

⑤ 歌を上手に歌いたいです。
노래를 잘 부르고 싶어요.

⑥ コーヒーを飲みたいです。
커피를 마시고 싶어요.

⑦ 韓国語の先生になりたいです。
한국어 선생이 되고 싶어요.

⑧ 遊園地に行きたいです。
놀이공원에 가고 싶어요.

⑨ 学生時代の親友に会いたいです。
　＊만나다（会いたい）の口語表現は보다（見たい）
학창시절 단짝 친구가 보고 싶어요.

□사귀다　付き合う　※交際するという意味　　□놀다　遊ぶ
□노래를 부르다　歌を歌う　　□마시다　飲む　　□교사　教師

19. 魔法の〜ㄹ 수 있어요. フレーズ

ハングン マルル チョグム ハル ス イッソヨ
한국말을 조금 할 수 있어요.

> 韓国語を少し話すことができます。

[用言＋ㄹ 수 있어요]

ポイント 갈 수 있어요. (行けます)、갈 수 없어요. (行けません) など、動作に対する能力や可能性の「ある／なし」を表します。

使い方 수の後に強調の는（〜は）や、가（〜が）、도（〜も）など様々な助詞が接続されることもあります。

갈 수는 없어요. (行くことはできません)
유청 씨가 못 오면 창민 씨가 올 수도 있어요.
　（ユチョンさんが来られなければチャンミンさんが来ることもできます）
한자를 읽을 수 있어요? (漢字を読めますか？)

※韓国語には、漢字語はあっても漢字表記をしません。

제가 할 수밖에 없어요. (私がやるしかありません) などⅡ-ㄹ 수밖에 없다 (〜するしかない) も頻出文型です。

何らかの原因による不可能表現には못（〜できない）を使い、動詞の前に못をつけます。

배가 불러서 못 먹어요. (お腹がいっぱいで食べられません)
하다動詞のときは하다の直前に못を入れます。

시간이 없어서 공부 못 해요. (時間が無くて勉強できません)
못には直接的なニュアンスがありますので、丁寧に断りたい場合などはⅠ-지 못하다（〜できない）を用います。

해보자! 会話力⑨倍増フレーズ

① 一緒に食事できますか？　*相手の都合を尋ねるときに
같이 식사할 수 있어요?

② 明日お目にかかることはできますか？
내일 뵐 수 있어요?

③ 時間、ちょっと作られますか？
시간 좀 낼 수 있어요?

④ 辛い物を食べられますか？　*단 음식 (甘いもの)
매운 음식 먹을 수 있어요?

⑤ このピアノ弾けますか？　*기타 (ギター) も치다を使う
이 피아노 칠 수 있어요?

⑥ 少し手伝っていただけますか？
잠깐 도와주실 수 있어요?

⑦ このコンピューターは使えません。　*노트북 (ノートパソコン)
이 컴퓨터는 쓸 수 없어요.

⑧ 今行くことはできません。
지금 갈 수는 없어요.

⑨ こんな金は受け取れません。
이런 돈은 받을 수 없어요.

□뵈다　伺う/お目にかかる　　□피아노　ピアノ　　□지금　今
□컴퓨터　コンピューター

20. 魔法の〜ㄹ게요. フレーズ

내일 다시 올게요.
ネイル　タシ　オルケヨ

> 明日、また来ますね。

[動詞＋ㄹ게요.]

ポイント ある事実について話者が確認したり、念を押したりするときに使う表現です。常に主語は一人称になります。

使い方 내가 먼저 할게요. （私が先にやりますね）や 오늘은 일찍 들어올게. （今日は早く帰ってくるね）などのように、話者の意思が強く表れるだけではなく相手に対する確認の意味合いが強まります。

Ⅱ-ㄹ래요という語尾は、主語が一人称の場合にはⅡ-ㄹ게요と同じように話者の意思を表し、二人称の場合には聞き手の考えを尋ねることができる便利な表現です。Ⅱ-ㄹ래요も一緒に覚えておきましょう。

난 햄버거를 먹을래. （私、ハンバーガー食べる）
영주야 이야기 좀 들어줄래?
　（ヨンジュ、ちょっと話聞いてくれる？）
이따가 전화해 주실래요? （後で電話してくださいますか？）

이거 살게요. （これ買います）や、하나만 살게요. （ひとつだけ買いますね）などは、買い物のときに便利な表現です。

해보자! 会話力⑨倍増フレーズ

1 私がお手伝いいたしますね。
제가 도와드릴게요.

2 このへんで帰りますね。
*職場では먼저 가 보겠습니다.（お先に失礼します）と意訳される
이만 가 볼게요.

3 今日夕方にお電話差し上げますね。
오늘 저녁에 전화 드릴게요.

4 家でもう一度探してみますね。
집에서 한 번 더 찾아볼게요.

5 2時までに約束の場所に行きますね。
2시까지 약속장소로 갈게요.

6 あなたが来るまで待ちますね。
*一般的には「あなた」ではなく相手の名前を使う
당신이 올 때까지 기다릴게요.

7 晩御飯は私が準備しますね。
저녁은 제가 준비할게요.

8 今回の仕事は私が調べてやりますね。
*알아서 하다は「進んでやる」というニュアンス
이번 일은 제가 알아서 할게요.

9 今回一度だけお願いいたしますね。
이번 한 번만 부탁할게요.

□기다리다　待つ　　□준비하다　準備する　　□부탁하다　お願いする

話すための韓国語文法 ④

1. 助詞一覧表

	体言の最後の文字にパッチムが無い (例) 김치 (キムチ)、경주 (慶州)、친구 (友達)	体言の最後の文字にパッチムがある (例) 냉면 (冷麺)、부산 (釜山)、선생님 (先生)
が	가　(例) 김치가	이　(例) 냉면이
は	는　(例) 김치는	은　(例) 냉면은
を	를　(例) 김치를	을　(例) 냉면을
と	와 (例) 김치와 냉면 　　（文語的表現）	과 (例) 냉면과 김치 　　（文語的表現）
	랑 (例) 김치랑 냉면 　　（口語的表現）	이랑 (例) 냉면이랑 김치 　　（口語的表現）
	하고（体言を選ばず使える口語的表現）	
へ（方向） で（手段）	로 (例) 경주로 　　(例) 버스로 (バスで)	으로 (例) 부산으로 　　　(例) 펜으로 (ペンで)
でも	라도　(例) 김치라도	이라도　(例) 냉면이라도
で／から（場所）	에서　(例) 경주에서／부산에서	

に (事物)	에 （例）경주에／부산에
に (人物)	에게／한테（目下の者にだけ使う） （例）선생님에게／친구한테
から(人物)	에게서／한테서（目下の者にだけ使う） （例）선생님에게서／친구한테서
から(時間)	부터　（例）한시（1時）부터
まで	까지　（例）두시（2時）까지
の	의　（例）선생님의 책（本）・저의 책→제책（私の本） 略体形を使います。

2. 助詞の使い方

　韓国語の助詞の多くが2種類の形を持っています。ここでは、「は」を例に挙げて説明します。主語が「김치」（キムチ）のように体言の最後の文字にパッチムがない場合は「는」をつなげ、「선생님」（先生）のようにパッチムがある場合は「은」をつなげます。「은」をつなげる場合は、「ネンミョンウン」ではなく「ネンミョヌン」と直前のパッチムの音がリエゾンします。

〈パッチムなし〉
　　김치는（キムチは）　　　저는（私は）

〈パッチムあり〉
　　냉면은（冷麺は）　　선생님은（先生は）

3. 話し言葉の終結語尾「〜です／〜ですか？」

　体言（名詞・代名詞）の後につける終結語尾のうち、最もフォーマルな語尾を합니다体といい、입니다.（〜です）、입니까？（〜ですか？）のようになります。ソウルを中心に使われる親しみを込めた語尾は해요体といい、예요.／이에요.（〜です）、예요？／이에요？（〜ですか）となります。（☞ p. 22 unit 3 参照）

〈합니다体〉
　　저는 회사원입니다.（私は会社員です）
　　저 사람은 학생입니까?（あの人は学生ですか？）
〈해요体〉
　　저는 회사원이에요.（私は会社員です）
　　저 사람은 학생이에요?（あの人は学生ですか？）

저는 회사원입니다.

第3章

魔法のフレーズ 21〜30

否定形「〜ません」や、希望を表す助動詞「〜したいです」、「〜つもりです」や「〜ようと思います」など、自分の意思を表すフレーズを中心に収録しました。韓国語は日本語に似てはいますが、日本人よりもイエス、ノーをはっきりと意思表示する国民性です。自分の意思はきちんと伝えられるようにしましょう。

CD 22 ▶▶▶ CD 31

21. 魔法の〜ㄹ거에요. フレーズ

내년에 유학을 갈 거에요.
<small>ネ ニョ ネ　ユ ハ グル　カル　コ エ ヨ</small>

>来年、留学するつもりです。

[用言＋ㄹ 거에요.]

ポイント　Ⅱ-ㄹ거에요.（〜するつもりです／〜するでしょう）はある状態や、単純な未来に対する話者の推測を表し、一人称のときにはⅠ-겠よりは弱い話者の意志を表します。フォーマルな語尾はⅡ-ㄹ겁니다（〜でしょう）、タメ口はⅡ-ㄹ 거야.（〜だろう／〜つもりさ）となります。

使い方　현민은 내일은 안 올 거에요.（ヒョンミンは、明日は来ないでしょう）のように、第三者の動作を予測する他にも、이 음식은 일본사람에게는 좀 매울 거에요.（この食べ物は日本人には少し辛いでしょう）など、形容詞を使った推測も可能です。

먹을 거에요.（食べるつもりです）に比べ、먹겠습니다.（食べます）のように一人称でⅠ-겠を使うと、지금（今）꼭（必ず）などの副詞に合う、話者の強い意思を表します。また、저녁에는 비가 오겠습니다.（夕方には雨が降るでしょう）や저도 할 수 있겠어요.（私もできそうです）など、Ⅰ-겠を使って推測を表すこともできます。

해보자! 会話力⑨倍増フレーズ

① 今年の冬には海外旅行に行くつもりです。
이번 겨울에는 외국여행을 갈 거에요.

② 温泉に行くつもりです。
온천에 갈 거에요.

③ 日曜日には家に居るつもりです。
일요일에는 집에 있을 거에요.

④ 今日からダイエットをするつもりです。
오늘부터 다이어트를 할 거에요.

⑤ 週末は家族と過ごすつもりです。
주말은 가족들과 보낼 거에요.

⑥ 15日間出張するつもりです。
보름 동안 출장을 다녀올 거에요.

⑦ 久しぶりに友達と思いっきり遊ぶつもりです。
오랜만에 친구들과 마음껏 놀 거에요.

⑧ 今度の試験は難しくないでしょう。
이번 시험은 어렵지 않을 거에요.

⑨ その人には二度と会わないつもりです。
그 사람을 두 번 다시 안 만날 거에요.

☐이번 今度   ☐외국 外国   ☐다녀오다 通ってくる

22. 魔法の〜자. フレーズ

여기 다음에 또 오자.
ヨギ タウメット オジャ

> ここ、次にまた来よう。

[動詞＋자]

ポイント Ⅰ-자（〜しよう）という勧誘の終結語尾です。フォーマルな語尾は、Ⅱ-ㅂ시다（〜しましょう）です。

使い方 윤호를 만나러 가자.（ユンホに会いに行こう）のような友人同士で使うフランクな語尾を반말と言います。조용히 합시다.（静かにしましょう）、같이 식사합시다.（一緒に食事しましょう）のように、Ⅱ-ㅂ시다を使うとより丁寧な表現になります。

　종로에 영화 보러 가요.（鐘路に映画を見に行きます）や、저녁 먹으러 가자.（晩御飯食べに行こう）のように、가다（行く）、오다（来る）という動詞の前にⅡ-러（〜しに）をつけると動作の目的を表すことができます。

스키 타러 같이 가자.

해보자! 会話力 9 倍増フレーズ

1 今度の週末に演劇を見に行こう。

이번 주말에 연극 보러 가자.

2 コーヒー1杯飲もう。

커피 한 잔 마시자.

3 一緒にスキーしに行こう。 *スキーは「する」ではなく 타다（乗る）

스키 타러 같이 가자.

4 ロックフェスティバルに見物に行こう。

록 페스티벌에 구경 가자.

5 おしゃべりはやめて勉強でもしよう。 *名詞+그만하다（〜をやめる）

잡담 그만하고 공부나 하자.

6 明日会おう。

내일 보자.

7 その話はやめよう。 *얘기는 이야기の縮約形

그 얘기는 그만하자.

8 もう寝よう！

잠 좀 자자!

9 先生のお宅に遊びに行こう。

선생님 댁에 놀러 가자.

□연극　演劇　　□스키　スキー　　□잡담　雑談　　□집　家

23. 魔法の〜(이)라고フレーズ

チョヌン イ ジェヒョン イ ラ ゴ ハムニ ダ
저는 이재형이라고 합니다.
>私はイ・ジェヒョンと申します。

[名詞 + (이) 라고]

CD 24

ポイント 基本形は (이) 라고 하다 (〜という) 間接話法の表現ですが、自己紹介の定番フレーズです。

使い方 저는 김유청이라고 합니다. (私はキム・ユチョンといいます)、저는 박재주라고 합니다. (私はパク・ジェジュといいます) のように、韓国人の名前は名前の最後にパッチムがある場合とない場合があります。しかし、저는 기무라 마코토라고 합니다. (私は木村誠といいます) のように日本人の名前は全て母音で終わりパッチムがありませんから指定詞이다の이は省略されます。

　名詞の後ろにつく指定詞이다が이라に変化し、その次に引用の助詞고をつけます。그 이야기는 다 거짓말이라고 들었어요. (その話は全て嘘だと聞きました) のように、語尾には話者の感じ方や感情や判断などを述べる하다 (〜する)、들었다 (〜聞いた)、생각하다 (〜考える／〜思う)、보다 (〜見る) など、多様な動詞が続きます。

해보자! 会話力9倍増フレーズ

1 ハンナさんのお父さんはエンジニアだと聞きました。
한나 씨의 아버지는 기술자라고 들었어요.

2 それが一番良い方法だと思います。
*좋은+名詞（良い〜）例：좋은 사람（いい人）
그게 제일 좋은 방법이라고 생각합니다.

3 入社式は来週の月曜日だと聞きました。
입사식은 다음 주 월요일이라고 들었어요.

4 その産業は韓国を代表する事業だと見ています。
그 산업은 한국을 대표하는 사업이라고 봅니다.

5 ここが世界文化遺産だそうです。
이곳이 세계문화유산이라고 합니다.

6 その事件の犯人が友人の先輩だそうです。
그 사건의 범인이 친구의 선배라고 합니다.

7 韓国語で何といいますか？ *単語が分からないとき物を指さしながら尋ねる
한국말로 뭐라고 해요?

8 韓国語で「家具」は日本語では「家具」と発音します。
한국말로 "가구"는 일본말로는 "가구"라고 발음해요.

9 その人のお兄さんが医者だそうです。
그 사람 오빠가 의사라고 해요.

□기술자　技術者　　□방법　方法　　□산업　産業　　□입사식　入社式

24. 魔法の〜려고フレーズ

유학 가려고 합니다.
ユ ハ ク　カ リョ ゴ　ハ ム ニ ダ

> 留学しようと思います。

[用言＋려고]

ポイント　려고に動詞하다がつながると、Ⅱ-려고 합니다（〜ようと思います）など意図や予定・計画などを表します。会話では고が省略されⅡ-려 하다を使うこともできます。

使い方　Ⅱ-려고の前で何をしようとするのかという意図を示した後は、하다以外の動詞をつなげることもできます。

동생에게 주려고 과자를 샀어요.
　（弟にあげようとお菓子を買いました）
영어를 배우려고 학원에 다녀요.
　（英語を学ぼうと塾に通っています）
저녁에 먹으려고 게를 사왔어요.
　（晩御飯に食べようとカニを買ってきました）

유학 가려고 합니다.

해보자! 会話力⑨倍増フレーズ

① 今日は同僚と1杯やろうと思います。
오늘은 동료와 한잔하려고 합니다.

② 当分の間仕事を休もうと思います。
당분간 일을 쉬려고 합니다.

③ 次から気をつけようと思います。
다음부터 조심하려고 합니다.

④ お父さんに贈り物を送ろうと思います。
아버지께 선물을 보내려고 합니다.

⑤ 今日はスジさんにデートの申し込みをしようと思います。
오늘 수지 씨에게 데이트 신청을 하려고 합니다.

⑥ ヨンチョルさんに謝ろうと思います。
영철 씨에게 사과하려고 합니다.

⑦ 日曜日あたりにお目にかかろうと思っています。
월요일쯤에 찾아뵈려고 합니다.

⑧ 弟の誕生日におごろうと思います。
동생 생일에 한턱내려고 해요.

⑨ 陶芸を始めようと思います。　＊배우려고 하다（習おうと思う）
도예를 시작하려고 해요.

□동료　同僚　　□한잔하다　一杯やる　　□쉬다　休む
□조심하다　気をつける　　□한턱내다　おごる

25. 魔法の〜ㄴ데/는데. フレーズ

<ruby>아<rt>ア</rt></ruby><ruby>무<rt>ム</rt></ruby> <ruby>도<rt>ド</rt></ruby> <ruby>없<rt>オㇺヌン</rt></ruby><ruby>는<rt></rt></ruby><ruby>데<rt>デ</rt></ruby><ruby>요<rt>ヨ</rt></ruby>.

아무도 없는데요.

>誰もいないんですが。

[用言+ㄴ데/는데]

CD 26

ポイント 終結語尾として使う場合は「〜なんですが」という婉曲表現になります。連体形の応用文型で、形容詞と指定詞の次はⅡ-ㄴ데をつなげ、動詞と存在詞の次にはⅠ-는데をつなげます。

使い方 後続文の内容を引き出すために直接・間接的に関連する状況を説明する連結語尾として使います。

밖에 비가 오는데, 우산 있어요?
　　（外、雨が降っていますが、傘ありますか？）

逆説を表すこともできます。

계속 치료를 받는데, 감기가 안 나아요.
　　（治療を続けているんですが風邪が治りません）

時間を表すこともできます。

을지로까지 가는데 몇 분쯤 걸려요?
　　（乙支路まで行くんですが何分くらいかかりますか？）

この他にも理由や条件などの具体的な意味として表現することもできます。Unit27（☞ p.90）の지만は直接的な逆説を表現するときに使いますので、後続の文章には反対の動作が来ます。저는 은정이라고 하는데요. 수아 좀 바꿔주시겠어요? （私はウンジョンと申しますが、スアにちょっと代わってもらえますか？）は、固定電話に電話をかけた時の定番フレーズです。名前の部分を入れ替えるだけで使えます。

해보자! 会話力9倍増フレーズ

1 その方は先生なんですが。
그분은 선생님인데요.

2 10時は遅すぎるんですが。　＊婉曲の語尾を使うと丁寧なニュアンス
열 시는 너무 늦는데요.

3 会いたいんですが時間がありません。
만나고 싶은데, 시간이 없어요.

4 まだ学校に通っているんですが。
아직 학교에 다니고 있는데요.

5 今は話したくないんですが。
지금은 말하고 싶지 않은데요.

6 頭が痛いんですが、近所に病院がありますか？
머리가 아픈데, 근처에 병원이 있어요?

7 ちょっと時間がかかるんですが。大丈夫ですか？
시간이 좀 걸리는데요. 괜찮으세요?

8 仕事は多いんですがやりたくありません。
일은 많은데, 하기가 싫어요.

9 具合が悪いんですが、ちょっと休んでもいいですか？
몸이 안 좋은데, 좀 쉬어도 될까요?

□말하다　話す／しゃべる　　□머리　頭　　□근처　近所

話すための韓国語文法 5

1 不規則用言 （特殊語幹2種類と変格活用用言6種類）

活用する時に語幹末の形自体が変化するのが、特殊語幹用言／変格活用用言です。입다と 춥다は基本形の語幹末の形が同じですが、입다は規則的な活用をする正格用言で、춥다は不規則な活用をする変格用言です。

2 ―語幹とㄹ語幹

1. ―語幹

用言の語幹末の母音に―をもつ用言は第Ⅲ活用の時に―が取れて、語幹末―の前の母音が陽母音ㅏ／ㅑ／ㅗの場合は―の代わりにㅏを用い、語幹末―の前の母音が陽母音以外の場合は―の代わりにㅓを用います。語幹末―の前に文字がない二文字の用言の場合は無条件に―が取れてㅓを代わりに用います。

아프다（痛い）　→아파
기쁘다（嬉しい）→기뻐
크다（大きい）　→커

2. ㄹ語幹

用言の語幹末にㄹを持つ全ての動詞・形容詞は、第Ⅱ活用のときにパッチムㄹがあるにもかかわらず次に으が入らず、一定の文字ㅂ／ㅅ／ㄹ／ㄴの前ではㄹが取れます。第Ⅲ活用の時には変化がありません。

팔다（売る）　　→팔면（売れば）
알다（知る）　　→압니다.（知っています）
살다（住む）　　→사십니다.（お住まいです）
만들다（作る）→만들 수 있어요.（作ることができます）
울다（泣く）　　→우니까（泣くから）

3 変格活用用言 1
ㄷ変格活用用言とㅅ変格活用用言

8種類の不規則用言のうち語幹末にㄷ／ㅅ／ㅂ／르／ㅎ／러を持つ一部の用言6種類を変格活用用言と言います。

1. ㄷ変格活用用言

ㄷ変格活用用言というのは語幹末にㄷを持つ一部の用言で、第Ⅱ活用の時にㄷが取れてㄹに変化しますが、ㄹ語幹とは違いますので必ず次に으が入ります。また、第Ⅲ活用の時にㄷが脱落しㄹに変化し、語幹末の母音が陽母音ㅏ／ㅑ／ㅗであれば次に아を接続し、陽母音以外の母音であれば次に어を接続します。第Ⅰ活用の時には変化がありません。

> 걷다（歩く）→걸으면（歩けば）→걸을 수 있어요?（歩くことができますか?）→걸으십니까?（お歩きになりますか?）→걸었어요.（歩きました）

2. ㅅ変格活用用言

ㅅ変格用言というのは語幹末にㅅを持つ一部の用言で、第Ⅱ活用の時にㅅが取れますが、パッチムはそのまま残ると考えますので次に必ず으が入ります。また、第Ⅲ活用の時にㅅが取れ、語幹末の母音が陽母音ㅏ／ㅑ／ㅗであれば次に아をつなげ、陽母音以外の母音であれば次に어をつなげます。第Ⅰ活用の時には変化がありません。

> 짓다（作る・建てる・炊く）→밥을 지으면（ご飯を炊けば）→밥을 지을 수 있어요.（ご飯を炊くことができます）→밥을 지으십니까?（ご飯をお炊きになりますか?）→밥을 지었어요.（ご飯を炊きました）

4 変格活用用言 2
ㅂ変格活用用言とㄹ変格活用用言

1. ㅂ変格活用用言

　ㅂ変格活用用言というのは語幹末にㅂを持つ一部の形容詞で、第Ⅱ活用の時にㅂが取れて우に変化します。第Ⅲ活用の時にもㅂが取れて우に変化した後어を接続し워と合成母音化させます。第Ⅰ活用の時には変化がありません。

> 맵다（辛い）→매우면（辛ければ）→매우니까（辛いから）
> →매우세요？（お辛いですか？）→매웠어요．（辛かったです）

2. 르変格活用用言

　르変格活用用言というのは語幹末に르を持つ用言を指します。第Ⅲ活用の時に語幹末の母音ㅡが取れ、パッチムㄹが語幹末の前に移動し、語幹末の前の母音が陽母音ㅏ／ㅑ／ㅗで有れば次に라をつなげ、陽母音以外の母音で有れば次に러をつなげます。第Ⅰ、Ⅱ活用の時には変化がありません。

＊따르다（従う）치르다（支払う）はㅡ特殊語幹

> 빠르다（速い）→빨랐어요．（速かったです）→빨라요．（速いです）

5 変格活用用言 3
ㅎ変格活用用言と러変格活用用言

1. ㅎ変格活用用言

用言の語幹末にㅎを持つ形容詞のうち이렇다（このようだ）／그렇다（そのようだ）／저렇다（あのようだ）／어떻다（どのようだ）と、色を表す形容詞の多くがㅎ変格活用用言です。第Ⅱ活用の時にㅎが取れます。また、第Ⅲ活用の時にㅎが取れた後語幹末の母音がㅐに変化します。また、하얗다（白い）のみ語幹末の母音がㅐに変化します。그렇다（そのようだ）は接続詞として様々に形を変えます。

> 그렇다（そのようだ）→그러면（それならば）→그러니까（だから）→그러세요.（そうですか）→그랬어요？（そうでしたか？）→그래서（それで）→그래도（それでも）→그래요.（そうです）→그래요？（そうですか？）

2. 러変格活用用言

語幹末に르を持つ用言のうち푸르다（青い）と이르다（至る）は、러変格活用用言と言います。第Ⅲ活用の時に語幹末の次に러が入ります。

> 푸르다→푸르렀어요（青かったです）
> 이르다→이르러요（至ります）

26. 魔法の〜면フレーズ

<ruby>한국<rt>ハングゲ</rt></ruby>에 <ruby>가<rt>カ</rt></ruby>면 <ruby>명동<rt>ミョンドン</rt></ruby>에 <ruby>가<rt>カ</rt></ruby> <ruby>보고<rt>ボゴ</rt></ruby> <ruby>싶어요<rt>シッポヨ</rt></ruby>.

＞韓国に行ったら明洞に行ってみたいです。

[用言+면]

ポイント 「〜れば／〜たら」を表す仮定形です。後続の動作や状態が起こるための前提条件を表します。

使い方 用言の語幹末の있다（ある）にパッチムがあれば으면をつなげます。

▎시간이 있으면 같이 놀자. （時間があれば一緒に遊ぼう）

また、用言の語幹末の오시다（いらっしゃる）にパッチムがなければ면をつなげます。

▎선생님이 오시면 강의를 시작하겠습니다.
（先生がいらしたら講義を始めます）

「〜すると」という訳も可能です。

▎아이스크림을 많이 먹으면 배탈이 나요.
（アイスクリームを沢山食べるとお腹を壊します）

프랑스에 갔으면 싶어.（フランスに行けたらいいな）のように、過去形-ㅆに면をつなげると、話者の希望を表すことができます。また、프랑스에서 저 사람을 만났으면 좋겠어.（フランスであの人に会えたらいいな）のようなⅢ-ㅆ으면 좋겠다も、Ⅲ-ㅆ으면 싶다も「〜たらいい」という同じ訳です。

해보자! 会話力9倍増フレーズ

1 冬が来れば寒いです。
겨울이 오면 추워요.

2 お腹がいっぱいだと眠くなります。　＊배가 고프다（お腹が空く）
배가 부르면 졸려요.

3 贈り物をもらうと嬉しいです。　＊선물はプレゼント
선물을 받으면 기뻐요.

4 1人でいると寂しいです。
혼자 있으면 외로워요.

5 あなたが行くなら私も行くよ。
네가 가면 나도 갈게.

6 音楽を聴くと気持ちが楽になります。
음악을 들으면 마음이 편해져요.

7 今出発すれば、2時までには到着できます。
지금 출발하면 2시까지 도착할 수 있어요.

8 今行けば、車が混んでいるでしょう。
＊차가 밀리다（車が混む）も同じ意味
지금 가면 차가 막힐 거에요.

9 コーヒーをたくさん飲むと眠れません。
커피를 많이 마시면 잠이 안 와요.

□출발하다　出発する　　□잠이 안 오다　眠りが来ない

27. 魔法の〜지만. フレーズ

キムチヌン メプチマン マシッソヨ
김치는 맵지만 맛있어요.
> キムチは辛いけれど美味しいです。

[用言＋지만]

ポイント 「〜だけれど／〜だが」を表す逆接の表現です。

使い方 用言の語尾を取ってから지만をつなげます。시간은 많이 있지만 할 일이 없어요.（時間はたくさんあるけれどやることがありません）のような一般的な逆説の表現の他にも、죄송하지만 길 좀 묻겠습니다.（すいませんが道をお尋ねします）や실례지만 성함이 어떻게 되세요？（失礼ですがお名前はなんとおっしゃいますか？）など、会話でよく使われる言い回しがたくさんあります。

慣用的な挨拶の文章以外は、Ⅰ-지만の後続の文章には反対語が用いられます。이 구두는 쌌지만 질이 안 좋았어요.（この靴は安かったけれど質がよくありませんでした）など、Ⅲ-ㅆ지만（〜だったけれど）と過去形につなげることもできます。

이 구두는 쌌지만 질이 안 좋았어요.

해보자! 会話力 9 倍増フレーズ

1 風が吹いているけれど寒くはありません。
바람이 불지만 춥지는 않아요.

2 頭に来たけれど我慢しました。
화가 났지만 참았어요.

3 韓国語は難しいけれど面白いです。　＊쉽다（易しい）
한국말은 어렵지만 재미있어요.

4 女だけれど力が強いです。　＊약하다（弱い）
여자이지만 힘이 세요.

5 馬鹿みたいだけれど優しい人みたいです。　＊냉정한 사람（冷たい人）
바보 같지만 착한 사람 같아요.

6 集合場所に行ったけれど1人もいませんでした。　＊名詞＋도（～も）
모임장소에 갔지만 한 사람도 없었어요.

7 見はしたけれど思い出せません。
보기는 했지만, 기억이 잘 안 나요.

8 あの男は顔はいいけれど性格が悪いです。
저 남자는 얼굴은 잘생겼지만 성격이 나빠요.

9 お金はないけれどあなたがいると幸せよ。
돈은 없지만 네가 있으면 행복해.

☐ 화내다　怒る　　☐ 잘생겼다　格好いい　　☐ 바람이 불다　風が吹く
☐ 바보　馬鹿　　☐ 모임장소　集まる場所

28. 魔法の〜도フレーズ

오늘 밤에 전화해<u>도</u> 돼요?
オヌル パメ チョナヘ ド テヨ

>今晩電話してもいいですか？

[用言＋도]

ポイント 仮定もしくは譲渡の意味を表す連結語尾です。

使い方 도の後ろに좋다（よい）、괜찮다（大丈夫だ）、되다（よい）等と合わさって先行文の内容を許容したり、相手の意向を尋ねることができます。

일요일에 댁에 가도 좋습니까?
　（日曜日にお宅に行ってもいいですか？）
이거 먹어도 돼요?（これ、食べてもいいですか？）

先行文の事実を認めたうえで、後続の文に関係がないことを表すこともできます。

내일 비가 와도 갈 거에요?
　（明日雨が降っても行くつもりですか？）

저는 어렸을 때부터 운동도 공부도 잘했어요.（私は子供のころから運動も勉強もよくできました）のように、도は本来「名詞＋も」という意味があり、名詞にそのままつなげて使うこともできます。

해보자! 会話力 9 倍増フレーズ

1 今、訪問してもよろしいでしょうか？
지금 방문해도 될까요?

2 もう召し上がっても結構です。
이제 드셔도 됩니다.

3 先に退勤してもよろしいですか？
먼저 퇴근해도 되겠습니까?

4 明日はうちに来ても誰も居ないよ。
내일은 우리 집에 와도 아무도 없어.

5 謝っても許しませんでした。　＊받아주다は「受け入れる」という意味
사과해도 받아주지 않았어요.

6 説明書を何度読んでも分かりません。
설명서를 여러 번 읽어도 모르겠어요.

7 休んでも疲れが取れません。
쉬어도 피로가 풀리지 않아요.

8 お腹がいっぱいでも、また食べたいです。
배가 불러도 또 먹고 싶어요.

9 嬉しくても（そんな）素振りを見せられない雰囲気でした。
기뻐도 내색할 수 없는 분위기였어요.

□풀리다　解ける　　□방문　訪問　　□퇴근　退勤　　□설명서　説明書
□피로　疲労

UNIT 21-30

29. 魔法の〜서フレーズ

일이 바빠서 못 가요.
<ruby>イリ パッパソ モッ カヨ</ruby>

> 仕事が忙しくて行けません。

[用言＋서]

(CD 30)

ポイント Ⅲ-서（〜て）で先行文が後続文の理由や原因を表します。

使い方 先行文が後続文の理由を表すことができます。

창피해서 쥐구멍에라도 들어가고 싶어요.
　（恥ずかしくて穴があったら入りたいです）
너무 놀라서 할 말을 잃었어요.（あまりに驚いて言葉を失いました）

　先行文の動作が完了した後の状態をそのまま維持しながら後続文の動作が行われる状態を表すこともできます。

의자에 앉아서 기다리세요.（椅子に座ってお待ちください）
여기에 앉아서 기다리세요.（こちらに座ってお待ちください）
백화점에 가서 옷을 샀어요.（デパートに行って服を買いました）
회사에 가서 일해요.（会社に行って働きます）

창피해서 쥐구멍에라도 들어가고 싶어요.

해보자! 会話力⑨倍増フレーズ

❶ 合格して嬉しいです。

합격해서 기뻐요.

❷ 嬉しくて涙が出ました。
  *기쁘다는 ―語幹　特別な活用は「話すための韓国語文法⑤」☞ p.84 参照

기뻐서 눈물이 났어요.

❸ 暑くてエアコンをつけました。　*덥다는 ㅂ変格用言

더워서 에어컨을 켰어요.

❹ お腹がすいてめまいがします。　*고프다는 ―語幹

배고파서 어지러워요.

❺ 意外と背が高くて驚きました。　*크다는 ―語幹

뜻밖에 키가 커서 놀랐어요.

❻ 辛くて食べられません。　*맵다는 ㅂ変格用言

매워서 못 먹겠어요.

❼ 可哀想で手伝いました。

불쌍해서 도와줬어요.

❽ 格好よくて人気がありそうです。

잘생겨서 인기가 많을 것 같아요.

❾ 愛し過ぎて別れました。

너무 사랑해서 헤어졌어요.

□너무　あまりにも　　□눈물　涙　　□불쌍하다　可哀想だ

30. 魔法の〜니까フレーズ

<ruby>버<rt>ポ</rt></ruby><ruby>스<rt>ス</rt></ruby><ruby>는<rt>ヌン</rt></ruby> <ruby>복<rt>ポク</rt></ruby><ruby>잡<rt>チャッ</rt></ruby><ruby>하<rt>パ</rt></ruby><ruby>니까<rt>ニッカ</rt></ruby> <ruby>지<rt>チ</rt></ruby><ruby>하<rt>ハ</rt></ruby><ruby>철<rt>チョル</rt></ruby><ruby>을<rt>ル</rt></ruby> <ruby>탑<rt>タプ</rt></ruby><ruby>시<rt>シ</rt></ruby><ruby>다<rt>ダ</rt></ruby>.
버스는 복잡하니까 지하철을 탑시다.
> バスは複雑だから地下鉄に乗りましょう。

[用言＋니까]

CD 31

ポイント 先行文が後続文の理由を表します。

使い方 Unit 29 (☞ p.94) のⅢ-서が一般的な理由を表すのに対して、Ⅱ-니까は話者の感じ方や考えなどの主観的な理由が強く出ます。後続文の終結語尾には命令形や勧誘文が多く使われます。Ⅲ-ㅆ으니까（〜たから）のように、過去形にもつなぐことができます。

また、上記とは全く違う使われ方ですが、집에 가니까 친구가 기다리고 있었어요.（家に戻ると友人が待っていました）や、일본에 살아보니까 생활이 편해요.（日本に住んでみると生活が楽です）のように、先行文の動作が後続文の内容を確認したり、発見する時間的な契機となることを表すこともできます。

ちなみに、上のフレーズにもある通りソウルのバス路線はとても複雑です。旅行者には地下鉄をお勧めします。

추우니까 옷을 따뜻하게 입으세요.

해보자! 会話力9倍増フレーズ

1 寒いから暖かくしてください。　*直訳は「服を暖かく着る」

추우니까 옷을 따뜻하게 입으세요.

2 有紀子さんは性格がいいから人気があるでしょう。

유키코 씨는 성격이 좋으니까 인기가 많을 거에요.

3 練習をたくさんしたからうまくできるでしょう。

연습을 많이 했으니까 잘 할 수 있을 거에요.

4 その学生は読書家だから文章もうまいでしょう。
　*글（文字）を「文章」と訳せる

그 학생은 독서를 많이 하니까 글을 잘 쓸 거에요.

5 今日は具合が悪いから来週会おう。

오늘은 몸이 안 좋으니까 다음 주에 만나자.

6 雪が降っているから気分がいいですね。　*ソウルの人はたいてい雪が好きです

눈이 오니까 기분이 좋네요.

7 私はよく分からないから他の人に聞いてみて。

나는 잘 모르니까 다른 사람에게 물어봐.

8 前回は私が譲ったから今回はあなたが譲って。

저번에는 내가 양보했으니까 이번에는 네가 양보해.

9 午前中に出発したからもうすぐ着きそうですね。

오전에 출발했으니까 이제 곧 도착하겠네요.

□연습　練習　　□독서　読書　　□양보　譲歩

話すための韓国語文法 6

1 接続詞

種類	
添加	그리고 (そして)　게다가 (それに)　그리고 (それから) 더구나 (しかも)　그 위에/게다가 (そのうえ)
順接	그래서 (そこで)　　　그러므로/그래서 (それで) 따라서 (したがって)　그러니까/그래서 (だから) 그러자 (すると)　　　그리고 (そして)
逆接	그러나 (しかし)　그런데/그러나 (ところが) 그러나/그렇지만 (けれども)　　　그런데도 (それなのに) 그래도/그런데도 (それでも)
転換	그러면 (それでは)　그런데 (ところで)　그런데 (さて)
選択	또는 (あるいは)　그렇지 않으면/혹은 (それとも) 또는/혹은 (または)
並列	및 (および)　　　또한/동시에 (また)

2 連体詞

이 (この) 그 (その) 저 (あの) 어느 (どの) 이런 (こんな)
그런 (そんな) 저런 (あんな) 어떤/어떠한 (どんな)

3 副詞 1

あ行	여전히/변함없이 (あいかわらず) 공교롭게/마침 (あいにく)
	어디까지나/끝가지 (あくまで) 깨끗이/산뜻하게 (あっさり)
	너무/그다지 (あまり) 어떻게/어찌 (いかが)
	갑자기/돌연 (いきなり) 우선/일단 (一応) 가장/제일 (一番)
	언젠가 (いつか) 조금도/전혀 (いっこうに) 전혀/전연 (一切)
	한층/더/더욱 (一層) 도대체 (一体)
	언제나/항상/늘 (いつも) 가득 (いっぱい) 지금/이제 (今)
	새삼스레/이제와서 (いまさら) 드디어/점점 (いよいよ)
	깜빡/무심코 (うっかり) 아마/필시 (おそらく)
	주로 (主に) 무의식중에 (思わず)
か行	오히려/도리어 (返って) 반드시/꼭 (必ず)
	제법/상당히/꽤 (かなり) 만약/만일/가령 (仮に)
	정확히/깔끔히 (きちんと) 반드시 (きっと)
	극히/더없이/지극히 (極めて) 푹 (ぐっすり)
	결코/절대로 (決して)
さ行	먼저/이전에 (先に) 아까/조금전 (さっき)
	즉시/당장 (さっそく) 깨끗이 (さっぱり)
	더욱더/그 위에/조금도/도무지 (更に) 자꾸만/줄곧 (しきりに)
	단단히/꽉 (しっかり) 물끄러미/가만히 (じっと)
	실로/참으로 (実に) 잠깐/오래간만에 (しばらく)
	조금/약간 (少々) 대단히/몹시/꽤 (ずいぶん)
	곧/즉시 (すぐに) 조금/약간 (少し)
	모두/완전히/온통 (すっかり) 훨씬/매우 (ずっと)
	이미/벌써 (すでに) 모두/전부 (全て)
	모처럼/일부러 (せっかく) 아무쪼록/제발/꼭 (ぜひ)
	전연/전혀 (全然) 전부/모조리 (そっくり)
	살짝/가만히 (そっと)

4 副詞 2

た行	대강／대부분／대체로（大体）　대개／대부분（大抵） 상당히／꽤（大分）　몹시／대단히／매우（大変）　많이（沢山） 설령／가령／비록（たとえ）　대개／아마（多分） 차차／점점（段々）　정확히／꼭／마침（ちょうど） 바로／조금／무심결에（つい）　드디어／결국（ついに） 늘／언제나／항상（常に）　어떻게（どうして） 도저히／아무리해도（到底）　가끔／때때로（時々） 특히／각별히（特に）　돌연／갑자기（突然） 대단히／매우／도저히（とても）　하여간／어쨌든（とにかく） 자꾸자꾸／척척（どんどん）
な行	상당히／꽤／좀처럼（なかなか）　될 수 있는 한／가능한（なるべく） 정말／과연（なるほど）
は行	똑똑히／확실히（はっきり）　대단히（非常に）　우연히（ふと） 별로／특별히（別に）　거의／대략（ほとんど） 정말로／대단히（本当に）　어렴풋이（ぼんやり）
ま行	설마／만일（まさか）　우선／먼저（まず） 점점 더／더욱 더（ますます）　또（また）　아직（まだ） 똑바로／곧장（まっすぐ）　완전히／전혀（全く） 마치／꼭／전연（まるで）　오히려／차라리（むしろ） 이미／벌써／이제（もう）　만약／혹시（もし） 물론（もちろん）　더욱 더（もっと）　가장（最も）
や行	이윽고／곧（やがて）　겨우／간신히（やっと） 역시／결국（やはり）　천천히（ゆっくり） 잘／자주／흔히（よく）　훨씬／상당히／어지간히（よほど）
わ行	일부러／고의로（わざと）　조금／불과（わずか）

第4章

魔法のフレーズ 31～40

「〜したり」や「〜しながら」、「〜するのが」、「〜するとき」など、覚えておくと表現の幅が広がり、かつ日常会話でよく使われる表現を中心に学習します。

CD 32 ▶▶▶ CD 41

31. 魔法の〜고フレーズ

オヌルン ピガ オゴ パラムド プロヨ
오늘은 비가 오고 바람도 불어요.

＞今日は雨が降り風も吹いています。

[用言＋고]

ポイント　I-고（〜て／〜で）で２つ以上の事実を単純に羅列する表現ですが、それ以外にも多様な使い方があります。

使い方

〈事実の羅列〉
저는 서울에 살고 어머니는 수원에 살아요.
　　（私はソウルに住み、母は水原に住んでいます）
감기에 걸려서 열도 나고 머리도 아파요.
　　（風邪をひいて熱も出て頭も痛いです）

〈２つの出来事が同時に発生〉
언니는 회사에 가고 저는 학교에 가요.
　　（姉さんは会社に行き、私は学校に行きます）

〈動作１ → 動作２〉
先行動作が終了してから後続文の動作がくるときにも使います。
아침 먹고 왔어요.（朝ごはん食べて来ました）

〈動作１ → 動作１＋２〉
先行文の動作が完了し、その状態が後続文で持続することを表すこともあります。
비행기를 타고 제주도에 갔어요.
　　（飛行機に乗って済州島に行きました）

〈根拠／理由＋動作〉
先行文が後続文の出来事の根拠や理由になることもあります。
너를 믿고 돈을 빌려준다.（お前を信じて金を貸してやるんだ）

해보자! 会話力⑨倍増フレーズ

① 気分がよくて幸せです。
기분이 좋고 행복해요.

② ご飯を食べて運動をします。　＊「食べてから〜」という意味
밥을 먹고 운동을 합니다.

③ 寒くて疲れています。
춥고 피곤해요.

④ お母さんに怒られて泣きました。　＊「怒られてから泣いた」という意味
엄마한테 혼나고 울었어요.

⑤ 宿題をしてテレビを見ます。
숙제를 하고 텔레비전을 봅니다.

⑥ 今日は友人に会って、ショッピングもしてコーヒーも飲みました。
오늘 친구를 만나서 쇼핑도 하고 커피도 마셨어요.

⑦ 今日は何故だか１人ぼっちで寂しいです。
오늘은 왠지 외롭고 쓸쓸하네요.

⑧ その俳優は人気もあって有名です。
그 배우는 인기도 많고 유명해요.

⑨ 学校で勉強もして運動もします。
학교에서 공부도 하고 운동도 해요.

□ 외롭다　寂しい　　□ 쓸쓸하다　わびしい

32. 魔法の〜거나フレーズ

<ruby>주말<rt>チュマ</rt></ruby>에는 <ruby>책<rt>チェク</rt></ruby>을 <ruby>읽<rt>イル</rt></ruby><ruby>거나<rt>コ ナ</rt></ruby> <ruby>영화<rt>ヨンファ</rt></ruby>를 <ruby>보거나<rt>ポゴナ</rt></ruby> <ruby>해요<rt>ヘ ヨ</rt></ruby>.

＞週末は本を読んだり映画を見たりします。

[用言＋거나]

CD 33

ポイント　2つ以上の動作や状態を羅列する「〜たり」という表現です。Ⅰ-거나-거나 하다（〜たり〜たりする）と하다動詞と合わせて使うこともできますし、Ⅰ-거나の1つだけを使うこともできます。

使い方

〈Ⅰ-거나と-거나をつなげる〉

存在や動作の内容を1つにして選り分けないときに使うことができます。

잘 생기거나 못 생기거나 성격이 좋으면 돼요.
　　（格好良くても不細工でも性格が良ければいいです）
외롭거나 슬플 때는 누구를 보고 싶어요?
　　（寂しかったり悲しい時は誰に会いたいですか？）

〈-거나-거나か-거나-말거나を使い反目する2つの用言をつなげる〉

どちらかの一方を選ぶのではなく後続文の内容が重要であることを表します。

내가 가거나 네가 오거나 만나면 돼.
　　（僕が行こうとお前が来ようと会えばいいだろ）
그 사람은 친구가 듣거나 말거나 혼자 이야기를 해요.
　　（その人は友人が聞こうが聞くまいが1人で話をします）

해보자! 会話力 9倍増フレーズ

① 休暇の時は旅行に行ったり、家で休んだりします。
휴가 때는 여행을 가거나 집에서 쉬거나 해요.

② 眠れない時は友人に手紙を書いたりします。
잠이 안 올 때는 친구에게 편지를 쓰거나 해요.

③ ショッピングするときはデパートへ行ったり、東大門に行ったりします。
쇼핑할 때는 백화점에 가거나 동대문에 가거나 해요.

④ 頭に来た時は1人でいたり、眠ったりします。
화가 났을 때는 혼자 있거나 자거나 해요.

⑤ 運動と言えば時々ジョギングをしたり、ヨガをしたりします。
운동이라면 가끔 조깅을 하거나 요가를 하거나 해요.

⑥ 朝は何も食べなかったり、パンを食べたりします。
아침에는 아무것도 안 먹거나 빵을 먹거나 해요.

⑦ 眠い時はコーヒーを飲んだり、ちょっと風にあたったりします。
졸릴 때는 커피를 마시거나 잠깐 바람을 쐬거나 해요.

⑧ 友人に会えば、話をしたり、お酒を飲みに行ったりします。
친구를 만나면 이야기를 하거나 술을 마시러 가거나 해요.

⑨ 時々時間があれば編み物をしたりします。
가끔 시간이 나면 뜨개질을 하거나 해요.

□조깅 ジョギング　□요가 ヨガ　□빵 パン　□잠깐 少し／ちょっと

33. 魔法の〜면서フレーズ

밥을 먹으면서 이야기하자.
<ruby>パブル モグミョンソ イヤギハジャ</ruby>

> ご飯を食べながら話そう。

[用言＋면서]

ポイント 「〜ながら」という2つ以上の動作が同時に起こる状態を表し、主語は同一でなければなりません。

使い方

〈Ⅱ-며〉

Ⅱ-면서の代わりに使うことができます。

그 가수는 노래를 부르며 춤을 춰요.
(その歌手は歌いながら踊ります)

Ⅱ-며を使うことで2つの状態や動作を単純に羅列することもできます。

그 카페는 조용하며 커피 맛도 좋아요.
(そのカフェは静かながらコーヒーの味もよいです)

飲食は同じ行為とみなしますのでⅠ-고（☞ Unit31 p.102参照）を使ってつなげます。

순대를 먹고 소주를 마셔요. (腸詰を食べながら焼酎を飲みます)

〈Ⅱ-면서＋도（〜も）〉

先行文と後続文の内容の整合性を強調します。このとき、도を省略することもできます。

그 옷은 값이 싸면서도 질이 좋고 따뜻해요.
(その服は安いながらも質がよく暖かいです)

서로 좋아하면서도 고백을 못 하고 있어요.
(お互い好きあいながらも告白できずにいます)

해보자! 会話力9倍増フレーズ

1 ピアノを弾きながら歌を歌います。
피아노를 치면서 노래를 부릅니다.

2 音楽を聴きながら本を読みます。　＊듣다は「ㄷ変格用言」p.126参照
음악을 들으면서 책을 읽습니다.

3 お茶を飲みながら友人と話をします。
＊韓国のカフェは長居するのが当たり前の場所
차를 마시면서 친구와 이야기합니다.

4 行きながら話しましょう。　＊意訳すると「歩きながら」
가면서 이야기합시다.

5 ラジオを聞きながら運転します。
라디오를 들으면서 운전합니다.

6 漫画を見ながら笑います。
만화를 보면서 웃습니다.

7 キム部長は優しいながらリーダーシップがあります。
김 부장님은 부드러우면서 지도력이 있어요.

8 遊びながら勉強します。
놀면서 공부를 합니다.

9 家事をしながら鼻歌を歌います。
집안일을 하면서 콧노래를 부릅니다.

□부드럽다　柔らかい　　□지도력　指導力　　□집안일　家の中の仕事＝家事

34. 魔法の〜것. フレーズ

음악을 듣는 걸 좋아해요.
<small>ウ マ グル トゥンヌン ゴル チョア ヘ ヨ</small>

> 音楽を聴くのが好きです。

[連体形＋것]

ポイント 「〜の」や「〜こと」など、先行文の内容を後続文につなげる関係代名詞の役割を果たします。

使い方 連体形の応用で様々な活用ができます。

〈形容詞の現在連体形Ⅱ-ㄴ＋것＝〜の(が)／〜の(を)／〜の(は)〉
시끄러운 것이 싫어요. (騒がしいのが嫌いです)

〈動詞の現在連体形Ⅰ-는＋것＝〜の(が)／〜の(を)／〜の(は)〉
것の後につける動詞は様々です。
매운 음식을 먹는 것을 좋아해요.
　(辛いものを食べるのが好きです)

〈動詞の過去連体形Ⅱ-ㄴ＋것＝〜たの(は)〉
그가 남긴 것은 추억뿐이에요. (彼が残したのは思い出だけです)

것の後に続く助詞は会話の中では往々にして縮約され、것은は건 (〜のは)、것이は게 (〜のが)、것을は걸 (〜のを) と発音します。

해보자! 会話力⑨倍増フレーズ

① 辛いのが好きです。 ＊단 것（甘い物）
매운 것이 좋아요.

② 早めに行くのがよさそうです。
일찍 가는 것이 좋겠어요.

③ 勉強するのが嫌いです。
공부하는 것이 싫어요.

④ 掃除するのが面倒です。
청소하는 것이 귀찮아요.

⑤ ゆっくりやるのがミスが少ないです。
천천히 하는 것이 실수가 적습니다.

⑥ 笑うのが健康のためです。
웃는 것이 건강에 이롭습니다.

⑦ 暗いのが嫌いです。 ＊照明の明るさ以外にも性格や雰囲気にも使える
어두운 것이 싫어요.

⑧ ダイエットするのが辛いです。
다이어트 하는 것이 힘들어요.

⑨ 老いても学ぶことが重要です。
늙어서도 배우는 것이 중요합니다.

□ 일찍　早く　　□ 청소　掃除　　□ 천천히　ゆっくり
□ 다이어트　ダイエット

35. 魔法の〜ㄴ 후에 フレーズ

점심 먹은 후에 커피를 마셔요.
チョムシム モグン フエ コピルル マショヨ

> お昼御飯を食べた後にコーヒーを飲みます。

[動詞＋ㄴ 후에]

CD 36

ポイント　先行文の動作の後に後続文が続く「〜た後に」を表します。

使い方　Ⅱ-ㄴ 후에のほかに、Ⅱ-ㄴ 뒤에（〜た後に）やⅡ-ㄴ 다음에（〜た次に）も同じように使うことができます。

| 치료받은 후에 밥을 먹어도 돼요?
（治療を受けた後にご飯を食べてもいいですか？）

※病院や歯科医院で使える便利なフレーズです。

〈名詞＋후（〜の後）〉
| 이 약은 식사 후에 드세요. (この薬は食事後に飲んでください)

〈Ⅰ-기 전에（〜る前に）〉
| 약을 먹기 전에 식사하세요. (薬を飲む前に食事をしてください)
| 가기 전에 전화할게요. (行く前に電話しますね)

이 약은 식사 후에 드세요.

해보자! 会話力⑨倍増フレーズ

① 手を洗った後に食事をしてください。
손을 씻은 후에 식사하세요.

② 運動の後にストレッチをしてください。
운동 후에 스트레칭을 해주세요.

③ 仕事が終わった後にお酒を飲みに行きましょうか？
일이 끝난 후에 술 마시러 갈까요?

④ 宿題を終えた後にコンピューターゲームをしろ。
숙제를 끝낸 후에 컴퓨터 게임을 해.

⑤ 昼食の後に会議がございます。　＊겠を使うと丁寧な表現
점심 후에 회의가 있겠습니다.

⑥ 結婚式の後に写真撮影があります。
결혼식 후에 사진촬영이 있습니다.

⑦ 食事の後に片づけをしてください。
식사 후에 주변정리를 잘 해주세요.

⑧ 課長が外出した後にお客様がいらっしゃいました。
과장님이 외출한 후에 손님이 오셨어요.

⑨ 先に計画を立てた後に飛行機の予約をしますね。
먼저 계획을 세운 후에 비행기 예약을 할게요.

□결혼식　結婚式　　□사진　写真　　□촬영　撮影　　□주변정리　周辺整理

話すための韓国語文法 7

1 連体形

　連体形とは、「とてもきれいな色」や「昨夜、降った雨」などのように、四大用言を使って名詞を修飾するときに必要な連結語尾のことをいいます。動詞と存在詞、形容詞と指定詞がそれぞれ同じ活用をしますので、比較的覚えやすいでしょう。また、本文中にも連体形を使った応用文型が沢山掲載されていますので、表現の幅を広げるためにも、しっかりマスターしましょう。

2 現在連体形
Ⅱㄴ＋名詞（形容詞と指定詞）、Ⅰ는＋名詞（動詞と存在詞）

　形容詞と指定詞の現在連体形は、第Ⅱ活用にㄴをつなげ、その後に名詞をつなげます。動詞と存在詞の現在連体形は、第Ⅰ活用に는をつなげ、その後に名詞をつなげます。

＊連体形を作るときに、ㄴの前でパッチムㄹが脱落するㄹ語幹用言や、第Ⅱ活用の時にパッチムㅂが脱落し우に変化するㅂ変格活用用言（その他ㄷ／ㅅ／ㅎ変格活用用言のうち形容詞のみ）などに注意しなければなりません。

1. 形容詞の現在連体形　Ⅱㄴ＋名詞
좋은 사람　（良い人）

2. 指定詞の現在連体形　Ⅱㄴ＋名詞
名詞を名詞で修飾する場合には必ず指定詞이다（～だ）を使います。
의사인 아버지　（医者である父）

3. 動詞の現在連体形　Ⅰ는＋名詞
다니는 회사　（通っている会社）

4. 存在詞の現在連体形　Ⅰ는＋名詞
맛있는 김치　（美味しいキムチ）

3 過去連体形
Ⅰ던／Ⅲㅆ던(形容詞・指定詞)、Ⅱㄴ／Ⅰ던／Ⅲㅆ던(動詞・存在詞)

　過去連体形の中でも「～だった／～かった」など回想や現在完了を表すときは四大用言共にⅠ던が使われ、Ⅲㅆ던は大過去や過去の一時的な経験や過去完了を表しますのでⅠ던よりも完了の意味がはっきりと現れますが、口語体ではⅠ던よりも頻繁に用いられます。動詞の単純過去（過去全てを包括）にはⅡㄴを使います。

1. 指定詞の過去連体形
은행원이던 아버지　（銀行員だった父）
한국의 수도였던 경주　（韓国の首都だった慶州）

2. 動詞と存在詞の過去連体形
어제 먹은 비빔밥　（昨日食べたビビンパ）
여기에 있던 책　（ここにあった本）
작년까지 다니던 회사　（去年まで通っていた会社）
어렸을 때 읽었던 그림책　（子供の時読んでいた絵本）

4 未来連体形
Ⅱㄹ（四大用言）

未来連体形は動詞、存在詞、形容詞、指定詞、全ての用言で同じ活用をします。用言にⅡㄹをつなげて、これから起こるはずの事態や推測を表します。魔法のフレーズにたびたび登場する Ⅱ-ㄹ 게요.（～しますね）、Ⅱ-ㄹ 거에요.（～つもりです）、Ⅱ-ㄹ 것 같아요.（～ようです）などは全て未来連体形の応用文型で、未来のことを表す語尾です。

내일 만날 사람（明日、会う人）
　　＊これから会うという意味です
있어야 할 돈（あるはずのお金）
　　＊なければならないお金という意味です
내일 할 일（明日、やる仕事）

내일 할 일

36. 魔法の〜에 따라フレーズ

사람에 따라 의견이 다릅니다.
サラメ ッタラ ウィギョニ タルムニダ

>人によって意見が違います。

[名詞＋에 따라]

ポイント 「〜によっては〜」という各自の根拠を表します。

使い方

〈에（〜に）＋따라〉
助詞の에（〜に）の後に続くと、主語に来るものをよりどころとする意味合いが強まります。

나라에 따라 사고방식이 달라요. （国によって考え方が違います）
경우에 따라서는 고소할지도 모르겠어요.
　（場合によっては告訴するかも知れません）

〈動詞〉
本来は따르다（従う／追う）という動詞です。

저를 따라오세요. （私についてきてください）
젊은이는 유행을 따르는 거에요. （若者は流行を追うものです）
다수결에 따라 가결하겠습니다. （多数決に従って可決いたします）

해보자! 会話力⑨倍増フレーズ

❶ 天気によって日程が変わることもあります。
　　날씨에 따라 일정이 바뀔 수 있습니다.

❷ 地方によってキムチの味が違います。
　　지방에 따라 김치 맛이 다릅니다.

❸ 日本語はイントネーションによって意味が変わります。
　　일본어는 억양에 따라 뜻이 달라집니다.

❹ キム・ソンスさんは気分によって性格がかわるみたいだ。
　　김성수 씨는 기분에 따라 성격이 바뀌는 것 같아.

❺ 価格によって製品の性能に差があります。
　　가격에 따라 제품의 성능에 차이가 있어요.

❻ 服装によって行動が変わります。
　　옷차림에 따라 행동이 바뀝니다.

❼ 言葉遣いによって印象が変わります。
　　말투에 따라 인상이 바뀝니다.

❽ 好みで選んで召し上がってください。
　　취향에 따라 골라 드세요.

❾ 今度の事件については学者によって見解が違います。
　　이번 사건에 대해서는 학자에 따라 견해가 달라요.

☐ **지방** 地方　　☐ **억양** 抑揚　　☐ **옷차림** 服の装い　　☐ **말투** 言葉遣い
☐ **취향** 趣向

37. 魔法の〜ㄹ 때. フレーズ

<ruby>학교<rt>ハッキョ</rt></ruby> <ruby>갈<rt>カル</rt></ruby> <ruby>때<rt>ッテ</rt></ruby> <ruby>지하철을<rt>チハチョルル</rt></ruby> <ruby>타고<rt>タゴ</rt></ruby> <ruby>가요<rt>カヨ</rt></ruby>.

>学校に行くとき地下鉄に乗っていきます。

[用言+ㄹ 때]

CD 38

ポイント 때（時）は時間を表す名詞で、先行文の動作が起こる時間を意味します。

使い方

〈때（時）＋ 名詞〉
名詞にそのままつなげることもできます。
겨울 방학 때 서울로 여행 가요. （冬休みにソウルに旅行します）
과장님은 점심 때 돌아오실 거에요. （課長は昼食のときに戻るでしょう）

〈Ⅱ-ㄹ 때（〜る時）／Ⅲ-ㅆ을 때（〜た時）〉
動詞の現在形にも過去形にもつなげることができます。
나는 어렸을 때부터 공부를 잘했어.
 　（僕は子供のころから勉強がよくできた）
집을 나갈 때 전화할게요. （家を出るときに電話しますね）
출근할 때 지갑을 잃고 나왔습니다.
 　（出勤するとき財布を忘れて出てきました）

외로울 때（さびしいとき）や 시간이 있을 때（時間があるとき）などのように、動詞だけではなく形容詞や指定詞にもつなげることができます。また、때는（時は）、때가（時が）、때를（時を）など、様々な助詞をつなげることができます。

해보자! 会話力⑨倍増フレーズ

① お腹がすいたときおやつを召し上がってください。
배고플 때 간식을 드세요.

② 疲れたときは休憩をとってください。
피곤할 때에는 휴식을 취하세요.

③ 寝るときは明かりを消してください。
잘 때 불을 끄세요.

④ 胸やけするときはこの薬を飲んでください。
속이 쓰릴 때 이 약을 드세요.

⑤ 忙しいとき私がお手伝いいたします。
바쁠 때 제가 도와드릴게요.

⑥ ストレスを受けるときカラオケに行きます。
　＊스트레스가 쌓일 때 (ストレスがたまるとき)
스트레스 받을 때 노래방에 갑니다.

⑦ 来るときに夜食を買ってきてください。
올 때 야식을 사 오세요.

⑧ 予約をするときは身分証が必要です。
예약할 때 신분증이 필요합니다.

⑨ 気分がよくないときには酒を飲みます。　＊몸이 아플 때 (具合が悪いとき) はこの表現
기분이 안 좋을 때에는 술을 마셔요.

□간식　間食　　□휴식　休息　　□불　火／明かり

38. 魔法の〜ㄹ 지フレーズ

맛이 있을지 모르겠습니다.
<ルビ>マシ イッスルジ モルゲッスムニダ</ルビ>

> 美味しいかどうか分かりません。

[用言+ㄹ지]

ポイント 「〜するかどうか」先行文の事実に対する確認を表します。語尾には疑問代名詞を伴います。

使い方 時制によって多様な意味を持ちます。

〈Ⅱ-ㄹ지〉
未来連体形を応用する場合に使います。
▎몇 시에 도착할지 모르겠어요. (何時に着くか分かりません)

〈Ⅱ-ㄴ지 모르다〉
形容詞の現在連体形を応用する場合に使います。
▎내가 얼마나 바쁜지 몰라? (私がどれだけ忙しいか知らないの？)

〈Ⅰ-는지〉
動詞の現在連体形を応用する場合に使います。
▎저 사람이 뭘 말하는지 모르겠어요.
　 (あの人が何を言っているのか分かりません)

〈Ⅲ-ㅆ過去形+Ⅰ-는지〉
過去を表現したい場合に使います。
▎이번 여름이 얼마나 더웠는지 몰라요.
　 (今年の夏はどれだけ暑かったか分かりません)
▎그 사람이 어디 갔는지 몰라요. (その人がどこに行ったのか知りません)

해보자! 会話力9倍増フレーズ

1 いつ終わるのか分かりません。

언제 끝날지 모르겠어요.

2 定刻に着けるかどうか分かりません。

제시간에 도착할 수 있을지 모르겠습니다.

3 この演劇が面白いかどうか分かりません。
　＊영화（映画）、책（本）、소설（小説）

이 연극이 재미있을지 모르겠어요.

4 キム部長よりうまくできるか分かりません。

김 부장님 보다 잘할 수 있을지 모르겠습니다.

5 目的地までどれくらいかかるか分かりません。

목적지까지 얼마나 걸릴지 모르겠습니다.

6 私の提案が気に入っていただけるか分かりません。

제 제안이 마음에 드실지 모르겠습니다.

7 どんな人が選ばれるのか分かりません。

어떤 사람이 뽑힐지 모르겠습니다.

8 何が良いのか悪いのか分かりません。

뭐가 좋을지 나쁠지 모르겠어요.

9 私の財布どこにあるのか知らない？　＊探し物を尋ねたいとき

내 지갑이 어디 있는지 몰라?

□제시간　定刻　　□목적지　目的地　　□제안　提案

39. 魔法の〜ㄴ 적フレーズ

<ruby>한국영화를<rt>ハングクヨンファルル</rt></ruby> <ruby>본<rt>ポン</rt></ruby> <ruby>적이<rt>チョギ</rt></ruby> <ruby>없어요<rt>オプソヨ</rt></ruby>.

> 韓国映画を見たことがありません。

[動詞＋ㄴ 적]

ポイント 적は、動詞と合わさって「〜たこと」のように、過去の時を表します。

使い方 動詞の過去連体形の応用文型Ⅱ-ㄴ 적이 있다／없다（〜たことがある／ない）を使います。

　日本語では「〜したこと」と言い表すことが、韓国語ではⅢ-본 적（〜してみたこと）と表現するのが一般的で、第Ⅲ活用에 보다（見る）をつなげます。

▎먹어 본 적이 있어요？（食べてみたことがありますか？）

　적の代わりに일（事／仕事）を使うこともできます。
▎그건 먹은 일이 없어.（それは食べたことがないな）

　近所の人や知り合いに어디 가세요？（どちらまで？）と尋ねられたときに返す便利なフレーズは、未来のことを表す連体形（動詞＋Ⅱ-ㄹ）を応用して表現できます。
▎좀 볼 일이 있어서.（ちょっと用事があって…）

해보자! 会話力⑨倍増フレーズ

① トッポギを食べてみたことがありません。
  *떡볶이は日本語訳とは全く違う発音です。注意しましょう。
  떡볶이를 먹어 본 적이 없어요.

② 韓国に行ってみたことがありますか？
  한국에 가 본 적이 있어요?

③ 恋人と喧嘩したことがありません。
  애인이랑 싸운 적이 없어요.

④ 私はミスをしたことがありません。
  저는 실수한 적이 없어요.

⑤ あの俳優と話してみたことがあります。
  저 배우랑 말해 본 적이 있어요.

⑥ 韓国の民族衣装を着てみたことがありません。
  *男性は바지 저고리、女性は치마 저고리
  한복을 입어 본 적이 없어요.

⑦ 悲しい映画を見て泣いたことがあります。
  슬픈 영화를 보고 운 적이 있어요.

⑧ その人に会ったことがありますか？
  그 사람 만난 적이 있어요?

⑨ 財布を失くしたことがありますか？
  지갑을 잃어버린 적이 있어요?

□한복　韓服　　□울다　泣く

40. 魔法の〜기로フレーズ

한국에 유학 가기로 했어요.
ハング゛ケ゛ ユハク カ ギ ロ ヘッソヨ

> 韓国に留学することにしました。

[動詞＋기로]

CD 41

ポイント 「〜することにした」のように、結果的に選ばれた事実を伝える時に使います。

使い方

〈動詞＋Ⅰ-기＝名詞化〉
- 말하기（話すこと）／듣기（聞くこと）／쓰기（書くこと）

〈動詞＋Ⅰ-기＋助詞로（〜に）〉

助詞로（〜に）の後には、選択の結果を表す動詞하다（する）、정하다（決める）、결심하다（決心する）、마음 먹다（心に決める）、작정하다（策定する）などが続きます。

- 우리 오빠는 겨우 담배를 끊기로 했어요.
   （私の兄はやっとタバコを断つことにしました）
- 회사를 그만두기로 마음을 먹었어요.
   （会社を辞める決心をしました）

意を決する内容であれば、その他のほとんどの動詞が使えます。
- 그 사람이랑 결혼하기로 했어요.
   （その人と結婚することにしました）

해보자! 会話力 9 倍増フレーズ

1 今月から毎日ジョギングをすることにしました。
*건강달리기（健康走り）という固有語
이번 달부터 매일 건강달리기를 하기로 했어요.

2 明日から早く起きることにしました。
내일부터 일찍 일어나기로 했어요.

3 韓国語の勉強をもっと一生懸命することにしました。
한국어 공부를 더 열심히 하기로 했어요.

4 2時に江南駅で会うことにしました。
2시에 강남역에서 만나기로 했어요.

5 彼氏のご両親に挨拶しに行くことにしました。
*正式な結婚の挨拶をしに行く時に使える
남자친구의 부모님께 인사드리러 가기로 했어요.

6 他人のことに関わらないことにしました。
남의 일에 상관하지 않기로 했어요.

7 仕事が終わってから友人と会うことにしました。
일 끝나고 친구랑 만나기로 했어요.

8 些細なことに気を使わないことにしました。
사소한 것에 신경 쓰지 않기로 했어요.

9 今度の冬に友達と韓国旅行に行くことにしました。
이번 겨울에 친구랑 한국 여행 가기로 했어요.

□열심히　熱心に　　□부모님　両親　　□남　他人　　□상관　相関

話すための韓国語文法 8

1 連体形の応用文型一覧表
現在連体形

113 ページに掲載した連体形の応用文型です。文型によっては四大用言全てに使えるものもありますが、活用するときには用言の語幹末の活用Ⅰ-는（動詞／存在詞）、Ⅱ-ㄴ（形容詞／指定詞）を間違えないように気をつけましょう。

応用文型	訳	例文
-ㄴ가 보다	～みたい	민영이는 요즘 바쁜가 봐. ミニョンは最近忙しいみたい。
-는 걸 보니	～するのをみると	우는 걸 보니 남자친구랑 헤어졌나 보다. 泣いているのを見ると彼氏と別れたみたいだ。
-는 대로	～するとすぐ	집에 도착하는 대로 전화해 줘요. 家に着いたらすぐに電話してください。
-는 대신	～する代わりに	학교 안 가는 대신 집에서 공부해요. 学校に行かない代わりに家で勉強します。
-는 동안	～する間	애인을 기다리는 동안 책을 읽었어요. 恋人を待つ間本を読みました。
-는 법이다	～するものだ	겨울은 추운 법이지요. 冬は寒いものでしょう。
-는 사이에	～する間	과장님이 안 계시는 사이에 몇 번 전화 왔어요. 課長がいらっしゃらない間に何度か電話が来ました。

2 連体形の応用文型
一覧表-過去連体形

応用文型	訳	例文
-ㄴ 채	～したまま	불을 켜 놓은 채로 잠이 들었나봐요. 明りをつけたままで眠ったようです。
-ㄴ 끝에	～した末	잘 생각한 끝에 결론을 내렸습니다. よく考えた末結論を出しました。
-ㄴ 모양이다	～した模様だ	공연이 끝난 모양이에요. 公演が終わったようです。
-ㄴ 만큼	～したくらい	내가 한 만큼 너도 할 수 있을 거야. 僕がやったくらいお前も出来るだろう。
-ㄴ 지	～して(から)	이 동네에 이사 온 지 1 달이 됐어요. この街に引っ越してから１カ月が経ちました。
-ㄴ 탓	～したせいで	과로한 탓으로 입원했어요. 過労したせいで入院しました。

3 連体形の応用文型一覧表
未来連体形

応用文型	訳	例文
-ㄹ걸요.	～と思う ～だろうよ	지수는 방에 없을걸요. チスは部屋にいないと思いますよ。
-ㄹ까 말까	～するかどうか	휴학할까 말까 생각 중이에요. 休学するかどうか考えているところです。
-ㄹ까요?	～しましょうか?	제가 선생님께 전화할까요? 私が先生に電話しましょうか?
-ㄹ 무렵	～する頃	벚꽃이 필 무렵에 그 사람을 만났어요. 桜の花が咲く頃その人に会いました。
-ㄹ 뿐만 아니라	～だけではなく	그 남자는 성격이 좋을 뿐만 아니라 잘 생겼어. その男は性格がいいだけではなく格好いい。
-ㄹ 지경이다	～する羽目 ～する立場	올해의 여름은 더워서 죽을 지경이에요. 今年の夏は暑くてたまりません。
-ㄹ지라도	～としても	내일 비가 올지라도 해야 하겠어요. 明日、雨が降るとしてもやらなくちゃなりません。

第5章

魔法のフレーズ 41～50

「～するために」や「～のふりをする」、「～するほど」、「～するほうだ」、「～なければならない」など、伝えたいことが自由に伝えられる、会話の中でよく使われる文型を中心に学習します。

CD 42 ▶▶▶ CD 51

41. 魔法の～게フレーズ

ハン シ グル　チョア ハ ゲ　テッ ソ ヨ
한식을 좋아하게 됐어요.
＞韓国料理が好きになりました。

[用言＋게]

CD 42

ポイント　用言にⅠ-게をつなげることで副詞と同じ機能をもつようになります。

使い方　動詞以外の形容詞でもⅠ-게をつなげることで副詞と同じ意味を持ちます。
- 우리 아버지는 사업을 크게 하세요.
  （私の父は事業を大きくなさっています）
- 그분은 언제나 바쁘게 지내세요.
  （その方はいつでも忙しく過ごしています）

韓国語を勉強する日本人がしばしば受ける質問の中に、왜 한국어를 공부하세요？（どうして韓国語を勉強しているのですか？）や한국어를 공부하게 된 계기가 뭐예요？（韓国語を勉強することになった契機が何ですか？）というものがあります。名詞＋에 관심이 있어서 名詞＋를／을 하게 됐어요.（～に関心があって～をすることになりました）は、そのような質問に対する答えとして覚えておくとよいでしょう。
- K 팝에 관심이 있어서 한국어를 공부하게 됐어요.
  （K-POP に関心があって韓国語を勉強することになりました）

ネガティブな表現にも利用できます。
- 사소한 오해 때문에 헤어지게 됐어요.
  （些細な誤解のために別れることになりました）

해보자! 会話力 9倍増フレーズ

1 突然転勤することになりました。
갑자기 전근을 가게 됐어요.

2 試験に合格して留学することになりました。
시험에 합격해 유학 가게 됐어요.

3 皆さんのおかげでここまでやってこられました。
여러분 덕분에 여기까지 오게 됐어요.

4 予定より早く出発することになりました。　*늦게 (遅く)
예정보다 일찍 출발하게 됐어요.

5 今年も夏休みは出かけられなくなりました。
　*仕事が忙しくどこにも行けないとき
올해도 여름휴가를 못 가게 됐어요.

6 一生懸命努力して合格できました。
열심히 노력해서 합격하게 됐어요.

7 遅刻をたくさんして失職することになりました。
지각을 많이 해서 실직하게 됐어요.

8 事情が出来てアルバイトを辞めることになりました。
사정이 생겨 아르바이트를 그만두게 됐어요.

9 道が混んでいて遅刻しました。
교통이 막혀서 지각하게 됐어요.

□전근　転勤　　□덕분　徳分　　□예정　予定　　□지각　遅刻
□교통　交通　　□사정　事情

42. 魔法の〜기 위해서フレーズ

<ruby>꿈<rt>ックムル</rt></ruby>을 <ruby>이루기<rt>イル ギ</rt></ruby> <ruby>위해서<rt>ウィヘソ</rt></ruby> <ruby>항상<rt>ハンサン</rt></ruby> <ruby>노력해요<rt>ノリョッケヨ</rt></ruby>.

＞夢を叶えるためにいつでも努力しています。

[用言＋기 위해서]

CD 43

ポイント　「〜するために」という先行文の動作を成就するために後続文の動作を起こす表現です。

使い方　先行文の目的のために後続文の行動が生じます。
돈을 벌기 위해서 회사에 다닙니다.
　　（お金を稼ぐために会社に通っています）
유학 가기 위해서 아르바이트를 해요.
　　（留学するためにアルバイトをしています）

〈名詞につなげる場合〉
名詞＋을／를 위해서（〜のために）を使います。
약혼자를 위해서 요리교실에 다녀요.
　　（婚約者のために料理教室に通っています）
어머니를 위해서 집을 샀어요.（お母さんのために家を買いました）

〈後続の名詞を修飾する場合〉
을／를 위한（名詞のための＋名詞）を使います。
임산부를 위한 수영교실（妊婦のための水泳教室）
남자를 위한 요리교실（男性のための料理教室）

해보자! 会話力⑨倍増フレーズ

① 大学に行くために一生懸命勉強します。
대학교에 가기 위해서 열심히 공부해요.

② 結婚するためにお見合いをしました。
결혼하기 위해서 선을 봤어요.

③ 歌手になるためにオーディションを受けました。
*試験などには보다 (見る) がよく使われる
가수가 되기 위해서 오디션을 봤어요.

④ 朝早く起きるために早く寝ます。
아침에 일찍 일어나기 위해서 일찍 잡니다.

⑤ 痩せるために毎日運動をしています。
*Ⅰ-고 있다 (している) は「刹那」や「継続動作」に対してだけ使う
살을 빼기 위해서 매일 운동을 하고 있어요.

⑥ 寂しさを我慢するために音楽を聴きます。
외로움을 참기 위해서 음악을 듣습니다.

⑦ ボーイフレンドを作るために紹介を受けました。
남자친구를 만들기 위해서 소개를 받았습니다.

⑧ きれいになるために毎日マッサージをします。
예뻐지기 위해서 매일 마사지를 해요.

⑨ 立派な人になるために本を沢山読みます。
훌륭한 사람이 되기 위해서 책을 많이 읽습니다.

□가수 歌手 □참다 耐える □소개 紹介 □훌륭하다 立派だ
□직장 職場

43. 魔法の〜길フレーズ

친구를 마중 나가는 길이에요.
チングルル マジュン ナガヌン キリエヨ

> 友達を迎えに行く途中です。

[連体形＋길]

ポイント 가다（行く）と 오다（来る）は共に移動を表します。

使い方

〈Ⅰ-는 길이다（〜する途中）〉
　動詞の現在連体形Ⅰ-는を応用した表現です。移動を表す動作が起きていることを伝える場合に使います。
- 지금 회사에 가는 길이에요.（今、会社に行く途中です）
　偶然会った知人などに声を掛ける時に使う定番フレーズです。
- 어디 가시는 길이세요?（どちらに行かれる途中ですか？）

〈Ⅱ-ㄴ 길이다（〜した道）〉
　動詞の過去連体形Ⅱ-ㄴを応用した表現です。時間の経過や空間を経る過程を表す場合に使います。
- 아버지가 살아오신 길（父が生きて来た道）

〈가다（行く）や 오다（来る）と合わせて使う表現〉
　Ⅱ-러 가다（〜しにいく）や〜에 갔다 오다（〜に行ってくる）なども頻出フレーズです。
- 이제부터 점심 먹으러 가는데 같이 갈래?
　（これから昼ご飯を食べに行くんだけど一緒に行く？）
- 학교 갔다 올게.（学校行ってくるね）

〈Ⅱ-ㄴ 김에（〜たついでに）〉
　ある事をする機会に、別のことを一緒にすることを表現する場合に使います。
- 시내에 나간 김에 쇼핑했습니다.
　（市内に出たついでにショッピングをしました）

해보자! 会話力9倍増フレーズ

1 取引先に行く途中です。
거래처에 다녀오는 길이에요.

2 病院に行く途中です。
병원에 갔다 오는 길이에요.

3 ちょっと友人に会いに行く途中です。
잠시 친구를 만나러 가는 길이에요.

4 プレゼントを買いに行く途中です。
선물을 사러 가는 길이에요.

5 先輩と話しをしに行く途中です。
선배와 이야기하러 가는 길이에요.

6 江南に遊びに行く途中です。
강남에 놀러 가는 길이에요.

7 映画を見に行く途中です。
영화를 보러 가는 길이에요.

8 市場に買い物をしに行く途中です。　*쇼핑하다（ショッピングする）
시장에 장을 보러 가는 길이에요.

9 病院に診察を受けに行く途中です。
병원에 진찰을 받으러 가는 길이에요.

□다녀오다　通ってくる　　□갔다 오다　行ってくる
□장을 보다　買い物をする　　□선배　先輩

44. 魔法の〜척해요. フレーズ

<ruby>그<rt>ク</rt></ruby> <ruby>사람의<rt>サラメ</rt></ruby> <ruby>실수를<rt>シルスルル</rt></ruby> <ruby>모르는<rt>モルヌン</rt></ruby> <ruby>척했어요<rt>チョッケッソヨ</rt></ruby>.

> その人のミスを知らないふりをしました。

[連体形＋척하다]

CD 45

ポイント 「〜ふりをする」といった、何かをしているように見せる、偽りの態度を表します。

使い方

Ⅰ −는を使って動詞につなげることができます。

저 남자는 항상 열심히 일하는 척합니다.
　（あの男はいつも熱心に働くふりをしています）
모르는 척할 수밖에 없어요.
　（知らないふりをするしかありません）

Ⅱ −ㄴを使って形容詞につなげることもできます。

배가 아픈 척하고 학교를 쉬었어요.
　（お腹が痛いふりをして学校を休みました）

척の代わりに체を使うこともできます。

못 들은 체했어요. （聞こえないふりをしました）

저 남자가 못 본 척해서 서운했어요. （あの男性が見ないふりをしたのでさびしかったです）などは、「見ないふり」を「知らないふり」と意訳できます。

해보자! 会話力⑨倍増フレーズ

① 私の友人はいつでも可愛いふりをします。
제 친구는 항상 예쁜 척해요.

② イ・シニョンさんはいつでも忙しいふりをします。
이신영 씨는 항상 바쁜 척해요.

③ 嫌なふりをできません。 *좋아하는 척（好きなふり）
싫은 척할 수 없어요.

④ なんでも知っているふりをする人です。
무엇이든 아는 척하는 사람이에요.

⑤ なんでもないふりをしました。
아무렇지 않은 척했어요.

⑥ 出来のいいふりをしないでください。 *「格好つけるな」と訳せる
잘난 척하지 마세요.

⑦ わざと仲がいいふりをしました。
일부러 사이가 좋은 척했어요.

⑧ 寝たふりをしているの分かっています。
자는 척하는 거 다 알아요.

⑨ 面白いと思って話を聞いてください。 *「面白いふりをして〜」が直訳
재미있는 척 이야기를 들어주세요.

□일부러　わざと　　□사이　仲

45. 魔法の〜ㄹ 수록フレーズ

<ruby>이<rt>イ</rt></ruby> <ruby>소설은<rt>ソ ソルン</rt></ruby> <ruby>읽을수록<rt>イル グル ス ロク</rt></ruby> <ruby>재미있어요<rt>チェ ミ イッ ソ ヨ</rt></ruby>.

이 소설은 읽을수록 재미있어요.

>この小説は読むほどに面白いです。

[用言+ㄹ 수록]   (CD 46)

ポイント 「〜するほど」のように、動作や状態が増すことを表します。

使い方 Ⅱ-ㄹ 수록の前にⅡ-면をつなげると、공부하다（勉強する）という動作が更に強くなることを表します。

한국말은 공부하면 할수록 재미있어요.
　（韓国語は勉強すればするほど面白いです）
씹으면 씹을수록 맛이 나네. (噛めば噛むほど味が出るね)

정이 들면 들수록 헤어지기가 어려워요. (情が通えば通うほど別れるのが難しいです) などは、韓国人の情の深さを伝えるようなフレーズです。

이 소설은 읽을수록 재미있어요.

해보자! 会話力9倍増フレーズ

1 親しいほど礼儀を守るのがいいです。　＊親しき仲にも礼儀
친할수록 예의를 지키는 게 좋아요.

2 英語は勉強するほど難しいです。
영어는 공부할수록 어려워요.

3 寒いほど朝起きるのが辛いです。
추울수록 아침에 일어나기가 힘들어요.

4 言い訳するほど誤解が大きくなりました。
변명할수록 오해가 커졌어요.

5 運動をするほど体が健康になるみたいです。
운동할수록 몸이 건강해지는 것 같아요.

6 その人に会うほど好きになります。
그 사람을 만날수록 좋아져요.

7 その女性は見るほどにきれいです。
그 여자는 볼수록 예쁜 것 같아요.

8 納豆は食べるほど美味しいです。
낫토는 먹을수록 맛있어요.

9 女性はきれいなほど人気があります。
여자는 예쁠수록 인기가 많아요.

□예의　礼儀　　□영어　英語　　□변명　弁明

話すための韓国語文法 9

1 漢字語攻略法

　韓国語は漢字表記をしませんが、本来は多くの漢字語が存在します。준비（準備）と약속（約束）をそれぞれ発音してみましょう。「準備」は日本語で「ジュンビ」と3文字ですが韓国語では「チュンビ」と2文字、「約束」は日本語でばは「ヤクソク」と4文字ですが韓国語では「ヤㇰソㇰ」と2文字です。しかし、韓国語の発音からも日本語の訳が想像できませんか？これらは、中国、韓国、日本が同じ漢字文化圏に属しているからなのです。その他にも、日本語の発音にそっくりな韓国語がたくさんあります。

　また、上記の日本語の熟語の次に「する」をつなげるだけで「準備する」などの動詞ができますが、韓国語もまったく同じように「하다」（する）をつなげるだけで「준비하다」（準備する）のような하다動詞ができます。

　また、韓国語の漢字語は、日本語のように音読みと訓読みに分かれているわけではありませんので、発音はたった1つしかありません。日本語で「道」という単語は「ドウ」、「みち」と読みますが、韓国語の読みは「도」のたった1つだけです。漢字を駆使する日本語ネーティブであれば、そこから「道路」（도로）、「水道」（수도）、「道具」（도구）といった具合に、次々と単語を連想できます。

2 漢字語 1

	単語
ㄱ	가족 (家族)　간단 (簡単)　간판 (看板)　감동 (感動)　감사 (感謝) 감정 (感情)　개인 (個人)　거리 (距離)　건강 (健康)　결과 (結果) 결국 (結局)　결석 (欠席)　결정 (決定)　결혼 (結婚)　경기 (景気) 경제 (経済)　경험 (経験)　계단 (階段)　계산 (計算)　계약 (契約) 고향 (故郷)　공원 (公園)　교육 (教育)　교통 (交通)　기대 (期待) 기록 (記録)　기분 (気分)　기준 (基準)　긴장 (緊張)
ㄴ	남녀 (男女)　남성 (男性)　납득 (納得)　내용 (内容)　내년 (来年) 노동 (労働)　노력 (努力)　논리 (論理)　능력 (能力)
ㄷ	단순 (単純)　단체 (団体)　당연 (当然)　대표 (代表)　대학 (大学) 도덕 (道徳)　도리 (道理)　도서 (図書)　도중 (途中)　독서 (読書) 동물 (動物)　동정 (同情)
ㅁ	만족 (満足)　매일 (毎日)　면허 (免許)　명령 (命令)　모범 (模範) 모집 (募集)　목적 (目的)　목표 (目標)　무료 (無料)　무리 (無理) 무시 (無視)　무역 (貿易)　문제 (問題)　문화 (文化)　미래 (未来) 민족 (民族)

3 漢字語 2

ㅂ	반대 (反対)	발전 (発展)	발표 (発表)	방면 (方面)	반문 (訪問)
	방법 (方法)	방송 (放送)	번호 (番号)	변화 (変化)	병원 (病院)
	보고 (報告)	보도 (報道)	보통 (普通)	복잡 (複雑)	부담 (負担)
	부모 (父母)	부부 (夫婦)	부분 (部分)	부족 (不足)	불만 (不満)
	불편 (不便)	비교 (比較)	비밀 (秘密)		
ㅅ	사건 (事件)	사무 (事務)	사상 (思想)	사실 (事実)	사업 (事業)
	사용 (使用)	사전 (辞典)	사진 (写真)	사회 (社会)	상상 (想像)
	상태 (状態)	상황 (状況)	생명 (生命)	선거 (選挙)	선배 (先輩)
	설명 (説明)	성격 (性格)	성공 (成功)	세계 (世界)	세금 (税金)
	소개 (紹介)	수리 (修理)	수술 (手術)	수입 (輸入)	수출 (輸出)
	숙제 (宿題)	신경 (神経)	신용 (信用)	실력 (実力)	실례 (失礼)
	심리 (心理)				
ㅇ	안내 (案内)	안심 (安心)	안전 (安全)	애정 (愛情)	야채 (野菜)
	여유 (余裕)	여행 (旅行)	역사 (歴史)	연락 (連絡)	열심 (熱心)
	영업 (営業)	영향 (影響)	영화 (映画)	예술 (芸術)	예약 (予約)
	오전 (午前)	오후 (午後)	온도 (温度)	안전 (完全)	왕복 (往復)
	요금 (料金)	요리 (料理)	우연 (偶然)	운동 (運動)	운전 (運転)
	원인 (原因)	위험 (危険)	유행 (流行)	은행 (銀行)	의견 (意見)
	의미 (意味)	이상 (理想)	이용 (利用)	이유 (理由)	인기 (人気)
	인생 (人生)				

4 漢字語 3

ㅈ	자격 (資格)　자동 (自動)　자연 (自然)　자유 (自由)　잡지 (雑誌) 장래 (将来)　재료 (材料)　전기 (電気)　전문 (専門)　전부 (全部) 전통 (伝統)　전화 (電話)　절대 (絶対)　정도 (程度)　정치 (政治) 정확 (正確)　제도 (制度)　제안 (提案)　조건 (条件)　조사 (調査) 조직 (組織)　존경 (尊敬)　존재 (存在)　졸업 (卒業)　주문 (注文) 주의 (注意)　주인 (主人)　주장 (主張)　중심 (中心)　중요 (重要) 지방 (地方)　지식 (知識)　지진 (地震)　직업 (職業)　진실 (真実) 진찰 (診察)　질문 (質問)
ㅊ	찬성 (賛成)　참가 (参加)　책임 (責任)　철도 (鉄道)　청구 (請求) 초대 (招待)　최고 (最高)　출발 (出発)　출석 (出席)　취미 (趣味) 친절 (親切)
ㅌ	탄생 (誕生)　태도 (態度)　통일 (統一)　투자 (投資)　특별 (特別)
ㅍ	판단 (判断)　편리 (便利)　평일 (平日)　평화 (平和)　표준 (標準) 표현 (表現)　풍경 (風景)　피해 (被害)　필요 (必要)
ㅎ	학교 (学校)　학생 (学生)　합격 (合格)　행복 (幸福)　허가 (許可) 현대 (現代)　현실 (現実)　현재 (現在)　형제 (兄弟)　확실 (確実) 활동 (活動)　회사 (会社)　회의 (会議)　후회 (後悔)　희망 (希望)

46. 魔法の〜ㄹ 뻔했어요. フレーズ

거짓말에 속을 뻔했어요.
<ruby>コ ジンマレ ソグル ッポネッソヨ</ruby>

> 嘘にだまされるところでした。

[用言+ㄹ 뻔했어요.]

CD 47

ポイント 過去にそうなるはずだったが、実際にはそうならなかったことを表します。

使い方 Ⅱ-ㄹ 뻔했다（〜するところだった）と、語尾は常に過去形です。願わない結果になることを免れたときに使います。

▌배가 아파서 죽을 뻔했어요. （お腹が痛くて死ぬところだった）

　交通量が多いソウルでは、下のようなことが起きないよう気をつけましょう。

▌차에 치일 뻔했어요. （車にひかれるところだった）

　Ⅱ-려던 참이다（〜するところだ）は日本語訳では似たような意味ですが、Ⅱ-ㄹ 뻔했다とは違い、その動作を起こそうとする瞬間を表し、語尾は過去形でも現在形でも使うことができます。

지금 전화하려던 참이었어요.
　（今、電話しようとしていたところでした）
재중을 만나러 가려던 참인데 같이 갈래?
　（ジェジュンに会いに行くところなんだけれど、一緒に行く？）

해보자! 会話力⑨倍増フレーズ

1 ここで転ぶところでした。
여기서 넘어질 뻔했어요.

2 割り込んできた人と喧嘩するところでした。
새치기를 한 사람과 싸울 뻔했어요.

3 消費期限が過ぎた食べ物を食べるところでした。
유통기한이 지난 음식을 먹을 뻔했어요.

4 ミスするところでした。
실수할 뻔했어요.

5 詐欺師に騙されるところでした。
*꾼という言葉はあまりよい表現ではない
사기꾼에게 사기를 당할 뻔했어요.

6 初めて行った旅行先でぼられるところでした。
처음 간 여행지에서 바가지를 쓸 뻔했어요.

7 遊園地で子供とはぐれるところでした。
유원지에서 아이를 잃어버릴 뻔했어요.

8 その男と恋に落ちるところでした。
그 남자와 사랑에 빠질 뻔했어요.

9 寒い所に長い間居て凍傷にかかるところでした。
추운 곳에 오래 있어서 동상에 걸릴 뻔했어요.

□**유통기한** 流通期間　　□**여행지** 旅行地　　□**잃어버리다** 失う

47. 魔法の〜자마자フレーズ

책을 펴자마자 졸리기 시작했어요.
> 本を広げたとたんにうとうとし始めました。

[用言＋자마자]

ポイント 先行動作のすぐ後に、次の動作が続くことを表します。

使い方

〈Ⅰ-자마자（〜するやいなや／〜するとすぐに）〉

집에 들어가자마자 친구에게 전화했어요.
（家に入るやいなや友人に電話をしました）

Ⅰ-자だけを使って表現することも可能です。

드라마가 시작되자 정전이 되었어요.
（ドラマが始まるやいなや停電になりました）
제가 휴대전화기를 사자 새로운 모델이 나왔어요.
（私が携帯電話を買うとすぐに新しいモデルが出ました）

저 사람을 보자마자 한눈에 반했어요.

해보자! 会話力倍増フレーズ

1 ユンホは、ご飯を食べるとすぐに遊びに行きました。
윤호는 밥을 먹자마자 놀러 나갔어요.

2 弟は私をみるやいなや走ってきました。
동생은 나를 보자마자 뛰어 왔어요.

3 私たちが出るとすぐに雨が降ってきました。
우리가 나가자마자 비가 왔어요.

4 あの人は私と別れるとすぐに他の人と結婚しました。
저 사람은 나랑 헤어지자마자 다른 사람과 결혼을 했어요.

5 その歌を聞くやいなや何故だか涙が出ました。
그 노래를 듣자마자 웬일인지 눈물이 났어요.

6 あの人を見るやいなや一目ぼれしました。
저 사람을 보자마자 한눈에 반했어요.

7 ドアの外に出るやいなや転びました。
  *名詞+밖에（〜の外に）、名詞+안에（〜の中に）
문밖에 나가자마자 넘어졌어요.

8 結婚をするとすぐに旦那が怠けだしました。
결혼하자마자 남편이 게을러 졌어요.

9 ヨンジュは座るとすぐに話し始めました。
영주는 앉자마자 이야기를 시작했어요.

□동생 弟／妹   □웬일인지 どうしてだか／なんとなく
□한눈에 반하다 一目ぼれする

48. 魔法の〜지 마세요. フレーズ

<ruby>연</ruby><ruby>주</ruby><ruby>하</ruby><ruby>는</ruby> <ruby>중</ruby><ruby>에</ruby><ruby>는</ruby> <ruby>자</ruby><ruby>리</ruby><ruby>를</ruby> <ruby>뜨</ruby><ruby>지</ruby> <ruby>마</ruby><ruby>세</ruby><ruby>요</ruby>.
ヨンジュ ハヌン チュンエヌン チャリルル ットゥジ マ セヨ

연주하는 중에는 자리를 뜨지 마세요.
＞演奏中は席を立たないでください。

[動詞＋지 말다]

CD ㊼

ポイント Ⅰ-지 말다（〜するな）という動作に対する禁止を表す言葉です。

使い方 多様な語尾마／말아／말아라（ため口）、마세요／마십시오（丁寧な命令）があります。
- 거기는 절대 가지 마. （そこには絶対行くなよ）
- 울지 마. （泣くな）
- 가지 마세요. （行かないでください）
- 여기에는 들어가지 마십시오. （ここには入らないでください）

Ⅲ-주다（〜てください）を使うことで、依頼の意味合いが強くなります。
- 제발 잊지 말아 주세요. （どうか、忘れないでください）

基本的には動詞につながるのですが、名詞の後に말다を直接つなげることもできます。
- 염려 마세요. （心配しないでください）

슬프다（悲しい）や괴롭다（苦しい）などの形容詞を使いたい場合は、それらの形容詞をⅢ-하다で活用して動詞化します。
- 슬퍼하지 마세요. （悲しまないでください）
- 괴로워하지 마세요. （苦しまないでください）

また、부모님께서 반대하든지 말든지 나는 상우랑 결혼할 거야. （両親が反対しようがしまいが、私はサンウと結婚する）のように、Ⅰ-든지 말든지（〜ようが〜まいが）などの時にも지 말다を使うことができます。

해보자! 会話力⑨倍増フレーズ

① このコンピューターは触らないでください。
이 컴퓨터는 만지지 마세요.

② 会議中には入らないでください。
회의 중에는 들어오지 말아 주세요.

③ 私、明日試験だからうるさくしないでよ。
나 내일 시험이니까 시끄럽게 하지 마.

④ 芝生に入らないでください。 *公園でよく見かける立て看板
잔디밭에 들어가지 마시오.

⑤ 動くな！近づいたら撃つぞ！ *警察が犯人追跡している現場でのセリフ
움직이지 마! 다가오면 쏜다!

⑥ 公園でタバコを吸わないでください。
공원에서 담배를 피우지 마세요.

⑦ 試験中には横の人の答案用紙を見ないようにしなくてはなりません。
시험 중 옆 사람의 답안지는 보지 말아야 합니다.

⑧ 私が音楽を聴いている間は声をかけないでください。
제가 음악을 듣고 있는 중에는 말을 걸지 마세요.

⑨ 雨が降る日には海で水泳をしないでください。
비가 오는 날에는 바다에서 수영하지 마세요.

□ 잔디밭 芝生　　□ 공원 公園　　□ 담배 タバコ　　□ 답안지 答案紙
□ 바다 海　　□ 수영 水泳

49. 魔法の〜편이에요. フレーズ

이 아이는 머리가 좋은 편이에요.
<ruby>イ</ruby> <ruby>アイヌン</ruby> <ruby>モリガ</ruby> <ruby>チョウン</ruby> <ruby>ピョニエヨ</ruby>

> この子は頭がいいほうです。

[用言＋편이다]

CD 50

ポイント いくつかの分類の中で、どちらか1つに属する「〜ほうだ」という意味です。

使い方 이다（〜だ）아니다（〜ではない）と一緒に使われます。
오늘 날씨는 더운 편이에요. （今日の天気は暑いほうです）
오늘 날씨는 추운 편이 아니에요.
　（今日の天気は寒いほうではありません）

저는 마른 편도 아니에요. （私は痩せているほうでもありません）のように、편도 아니다（〜ほうでもない）を使うと、「痩せている」と言われることが多いが、実際は「それほどでもない」というニュアンスを伝えることができます。편이다の前に来る用言が、動詞のときはⅠ-는でつなげ、形容詞のときはⅡ-ㄴでつなげます。

이라서（〜なので）を使って理由を表すことも出来ます。
그 레스토랑은 음식 맛보다 가격이 비싼 편이라서 잘 안 가요.
　（そのレストランは味に比べて価格が高いほうなのであまり行きません）

해보자! 会話力⑨倍増フレーズ

① うちの両親は背が高いほうです。
저희 부모님은 키가 큰 편이세요.

② キム・ソヒさんは勉強を一生懸命するほうです。
김소희 씨는 공부를 열심히 하는 편입니다.

③ 私は甘い物をよく食べるほうなんですが。
저는 단 음식을 자주 먹는 편인데요.

④ デパートは市場よりも価格が高いほうです。
*가격(価格)の代わりに값(値段)を使うこともできる
백화점은 시장보다 가격이 비싼 편이에요.

⑤ キョンスは数学よりも英語がよくできるほうみたいです。
경수는 수학보다 영어를 잘하는 편인 것 같아요.

⑥ オリンピック道路は通勤時間に道が混むほうです。
올림픽 대로는 출퇴근 시간에 길이 많이 막히는 편이에요.

⑦ その歌手は踊りに比べて歌がへたなほうです。
그 가수는 춤보다 노래는 잘 못 부르는 편입니다.

⑧ 韓国語の勉強は難しいけれど、面白いほうです。
한국어 공부는 어렵지만 재미있는 편이에요.

⑨ 冬は日本が韓国より寒いほうらしいですね?
겨울에는 일본이 한국보다 추운 편이라면서요?

□백화점 百貨店　□시장 市場　□수학 数学　□영어 英語　□춤 踊り

50. 魔法の〜야 해요？フレーズ

몇 시까지 가야 해요?
<small>ミョッ シッカジ カヤ ヘヨ</small>

＞何時までに行かなければなりませんか？

[動詞＋야 하다]

ポイント　義務や必須条件に対して使います。口語ではⅡ-야 되다の語尾が使われることもあります。

使い方

> 한국에서는 윗사람과 술을 마실 때 고개를 옆으로 돌리고 마셔야 합니다.
> （韓国では目上の人と酒を飲むときは顔を横にして飲まなければなりません）

真正面で顔を見ながら飲んではいけないという韓国風の習慣ですが、目上の人の許諾後は解かれます。한국에서는 밥그릇이나 국그릇을 식탁에 놓고 먹어야 해요．（韓国では、茶碗を置いたまま食べなければなりません）も、茶碗を手にとって食べる日本とは逆の作法です。일이 많아서 일요일도 회사에 가야 합니다．（仕事が多くて日曜日も会社に行かなければなりません）のように、義務的な動作には全て使えます。

해보자! 会話力 倍増フレーズ

① ゴミは分別して捨てなければなりません。
쓰레기는 분리해서 버려야 합니다.

② この仕事はいつまでに終わらせなければなりませんか？
이 일을 언제까지 끝내야 해요?

③ この建物の中では禁煙しなくてはなりません。
이 건물 내에서는 금연해야 합니다.

④ 明日の会議の準備のために、何時まで来なくてはなりませんか？
내일 회의 준비를 위해 몇 시까지 와야 합니까?

⑤ 明洞駅に行くなら何号線に乗らなければなりませんか？
명동역에 가려면 몇 호선을 타야 합니까?

⑥ 試験でいい点数を取りたければ一生懸命勉強しなくてはなりません。
시험을 잘 보려면 열심히 공부해야 해요.

⑦ 水泳をする前に準備運動をしなくてはなりません。
수영하기 전에 준비 운동을 해야 합니다.

⑧ 他人の家を訪問するときは裸足にサンダル姿で行ってはいけません。
남의 집을 방문할 때에는 맨발에 샌들 차림으로 가지 말아야 해요.

⑨ 明日は必ず来なくてはいけません。
내일은 꼭 와야 해요.

☐ 분리　分離　　☐ 건물　建物　　☐ 준비　準備　　☐ 꼭　必ず

話すための韓国語文法 10

1 動詞

漢字語 (☞ p.141～143) ではない固有語を使った動詞を紹介します。

あ行	사랑하다 (愛する)	만나다 (会う)	싫증나다／물리다 (飽きる)
	기가 막히다 (呆れる)	열리다 (開く)	맡다 (預かる)
	놀다 (遊ぶ)	데우다 (温める)	맞다 (当たる)
	모이다 (集まる)	남다 (余る)	씻다／빨다 (洗う)
	싸우다 (争う)	나타내다 (表す)	있다 (有る)
	가다 (行く)	서두르다 (急ぐ)	받다 (受ける)
	움직이다 (動く)	잃다 (失う)	노래부르다 (歌う)
	찍다 (写す)	옮기다 (移す)	어긋나다 (裏切る)
	팔다 (売る)	고르다 (選ぶ)	쫓다 (追う)
	덮다 (覆う)	일어나다 (起きる)	놓다／두다 (置く)
	보내다 (送る)	늦어지다 (遅れる)	화내다 (怒る)
	가르치다 (教える)	떨어지다 (落ちる)	춤추다 (踊る)
	놀리다 (驚く)	내리다 (降りる)	끝나다 (終わる)

か行	사다 (買う)	바꾸다 (変える)	쓰다 (書く)	감추다 (隠す)
	겹치다 (重なる)	빌려주다 (貸す)	세다 (数える)	이기다 (勝つ)
	물다 (噛む)	다니다 (通う)	시들다 (枯れる)	마르다 (乾く)
	느끼다 (感じる)	꺼지다 (消える)	듣다 (聞く)	자르다 (切る)
	입다 (着る)	짜다 (組む)	살다 (暮らす)	오다 (来る)
	미치다 (狂う)	끄다 (消す)	차다 (蹴る)	얼다 (凍る)
	속이다 (ごまかす)	부수다 (壊す)		

さ行	찾다 (探す)	피다 (咲く)	찌르다 (刺す)	
	가리키다 (指す)	깨다 (覚める)	깔다 (敷く)	따르다 (従う)
	짜다 (絞る)	알리다 (知らせる)	알다 (知る)	
	지나다 (過ぎる)	버리다 (捨てる)	미끄러지다 (滑る)	
	살다 (住む)	앉다 (座る)	자라나다 (育つ)	
た行	참다 (耐える)	내다 (出す)	돕다 (助ける)	묻다 (尋ねる)
	서다 (立つ)	즐기다 (楽しむ)	먹다 (食べる)	다르다 (違う)
	쓰다 (使う)	지치다 (疲れる)	켜다 (点ける)	만들다 (作る)
	싸다 (包む)	막히다 (詰まる)	나가다 (出かける)	풀다 (解く)
	날다 (飛ぶ)	멈추다 (止まる)	묵다 (泊まる)	
な行	고치다 (直す)	흘리다 (流す)	바라보다 (眺める)	울다 (泣く)
	없애다 (無くす)	던지다 (投げる)	배우다 (習う)	
	놓치다 (逃がす)	삶다 (煮る)	닮다 (似る)	벗다 (脱ぐ)
	훔치다 (盗む)	바르다 (塗る)	젖다 (濡れる)	
	원하다 (願う)	자다 (寝る)	마시다 (飲む)	타다 (乗る)
は行	재다 (計る)	토하다 (吐く)	신다 (履く)	쓸다 (掃く)
	달리다 (走る)	일하다 (働く)	이야기하다 (話す)	붙이다 (貼る)
	당기다 (引く)	놀리다 (冷やかす)	열리다 (開く)	늘다 (増える)
	불다 (吹く)	막다 (塞ぐ)	부딪치다 (ぶつかる)	
	살찌다 (太る)	밟다 (踏む)	내리다 (降る)	줄다 (減る)
	말리다 (干す)			
ま行	맡기다 (任せる)	지다 (負ける)	섞다 (混ぜる)	
	틀리다 (間違う)	기다리다 (待つ)	흉내내다 (真似る)	
	지키다 (守る)	망설이다 (迷う)	돌다 (回る)	닦다 (磨く)
	보다 (見る)	맞이하다 (迎える)	까다 (剥く)	매다 (結ぶ)
	눈에 띄다 (目立つ)	벌다 (儲ける)	타다 (燃える)	
	가지다 (持つ)			

や行	굽다 (焼く)　　도움이 되다 (役立つ)　　기르다 (養う) 쉬다 (休む)　　깨다 (破る)　　그치다 (止む)　　삶다 (茹でる) 흔들리다 (揺れる)　　더럽히다 (汚す)　　부르다 (呼ぶ) 읽다 (読む)　　들르다 (寄る)
わ行	헤어지다 (別れる)　　나누다 (分ける)　　잊다 (忘れる) 건네주다 (渡す)　　웃다 (笑う)

2 形容詞

多くの形容詞が固有語で漢字を持ちませんが、漢字語は**太字**で表記します。

あ行	파랗다 (青い)　　　　　빨갛다 (赤い)　　　　　밝다 (明るい) **따뜻하다** (暖かい)　새롭다 (新しい)　　　덥다 (暑い) 뜨겁다 (熱い)　　　　두껍다 (厚い)　　　　달다 (甘い) **이상하다** (怪しい)　고맙다 (ありがたい)　좋다 (いい) 바쁘다 (忙しい)　　　아프다 (痛い)　　　　얇다 (薄い) 아름답다 (美しい)　　부럽다 (うらやましい) 시끄럽다 (うるさい)　기쁘다 (うれしい)　　많다 (多い) 크다 (大きい)　　　　아깝다 (惜しい)　　　**얌전하다** (おとなしい) 무겁다 (重い)
か行	딱딱하다 (堅い)　　　슬프다 (悲しい)　　　가렵다 (痒い) 맵다 (辛い)　　　　가볍다 (軽い)　　　　귀엽다 (可愛い) 노랗다 (黄色い)　　　더럽다 (汚い)　　　　**엄하다** (厳しい) **분하다** (悔しい)　　어둡다 (暗い)　　　　괴롭다 (苦しい) 검다 (黒い)　　　　　**상세하다** (詳しい)　**험하다** (険しい) 짙다 (濃い)　　　　　**사소하다** (細かい)　무섭다 (怖い)

さ行	쓸쓸하다 (さびしい) 친하다 (親しい) 뻔뻔스럽다 (ずうずうしい) 시다 (すっぱい) 날카롭다 (するどい)	춥다 (寒い) 떫다 (渋い) 적다 (少ない) 훌륭하다 (素晴らしい) 좁다 (狭い)	짜다 (塩辛い) 희다 (白い) 굉장하다 (すごい) 교활하다 (ずるい)
た行	높다 (高い) 나른하다 (だるい) 시시하다 (つまらない) 괴롭다 (つらい)	씩씩하다 (逞しい) 작다 (小さい) 차다 (冷たい) 멀다 (遠い)	옳다 (正しい) 가깝다 (近い) 강하다 (強い)
な行	길다 (長い) 밉다 (憎い) 졸리다 (眠い)	그립다 (懐かしい) 둔하다 (鈍い)	쓰다 (苦い) 미지근하다 (ぬるい)
は行	부끄럽다 (恥ずかしい) 넓다 (広い) 굵다 (太い)	낮다 (低い) 깊다 (深い) 낡다 (古い)	심하다 (ひどい) 어울리다 (ふさわしい) 가늘다 (細い)
ま行	가난하다 (貧しい) 초라하다 (みすぼらしい) 어렵다 (難しい) 과분하다 (もったいない)	눈부시다 (まぶしい) 무덥다 (蒸し暑い) 허무하다 (空しい)	짧다 (短い) 드물다 (珍しい)
や行	쉽다 (易しい) 약하다 (弱い)	싸다 (安い)	부드럽다 (柔らかい)
わ行	젊다 (若い)	나쁘다 (悪い)	

3 形容動詞

多くの形容動詞が漢字語です。

あ行	분명하다 (あきらかだ)　　겁이 나다 (臆病だ)　　온화하다 (穏やかだ)
か行	불쌍하다 (可哀想だ)　　　　　　　싫어하다 (嫌いだ) 아름답다／깨끗하다 (きれいだ)　 인색하다 (けちだ) 건강하다 (元気だ)
さ行	번창하다 (盛んだ)　　유감스럽다 (残念だ)　조용하다 (静かだ) 잘하다 (上手だ)　　좋아하다 (好きだ)　　변변치 않다 (粗末だ)
た行	소중하다 (大事だ)　　걱정없다／괜찮다 (大丈夫だ) 소용없다 (駄目だ)　　정중하다 (丁寧だ) 엉터리다 (でたらめだ)
な行	번화하다 (にぎやかだ)
は行	화려하다 (派手だ)　　　불가사의하다 (不思議だ) 태연하다 (平気だ)　　　편리하다 (便利だ)
ま行	뛰어나다 (見事だ)　　쓸데없다 (無駄だ)　　몰두하다 (夢中だ) 함부로하다 (むやみだ)
や行	유명하다 (有名だ)
ら行	똑똑하다 (利口だ)　　훌륭하다 (立派だ)

魔法のフレーズカード

各ユニットの冒頭で紹介したキーフレーズをリストにしました。「表」に韓国語、「裏」に日本語が載っています。裏の日本語を見ながら、韓国語を言ってみましょう。自然と口から出るようになったら、実際の韓国語会話でも使えるはずです！

韓国語を話すための 5つのヒント

1. 覚えたら話してみよう
会話は話すことによって上手になるものです。片言でもいいので、まず韓国語を使ってみましょう。使うことで自信がついてくるはずです。

2. 得意なマイフレーズを作ろう
基本のフレーズを覚えれば、単語をかえて応用がききます。1個のフレーズが何十倍にも活躍しますから、マイフレーズを増やしていきましょう。

3. 発音を気にしすぎない
ネーティブと同じように発音をする必要はありません。1つの単語の発音を気にするより、伝えようとする気持ちが大事です。たくさん話していくうちに直していけばいいのです。

4. 間違っても大丈夫
はじめから完璧に話せる人なんていません。間違っても落ち込む必要はまったくありません。言い直せばいいだけですし、そうすることでしっかり覚えられます。

5. 韓国人に慣れよう
同じアジア圏に住む私たちですが、文化も考え方も違います。だからこそ、たくさんコミュニケーションをとって相手を理解することからはじめましょう。

魔法のフレーズ 1〜8

1 ☐ 생맥주 있어요?
   ☐ _{センメクチュ イッソヨ}
   ☞ p.18

2 ☐ 아무도 없어요.
   ☐ _{アムド オプソヨ}
   ☞ p.20

3 ☐ 저는 일본사람이에요.
   ☐ _{チョヌン イルボンサラミエヨ}
   ☞ p.22

4 ☐ 혹시 한국분이세요?
   ☐ _{ホクシ ハングクプニセヨ}
   ☞ p.24

5 ☐ 저는 학생이 아니에요.
   ☐ _{チョヌン ハクセンイ アニエヨ}
   ☞ p.26

6 ☐ 내일 전화 주세요.
   ☐ _{ネイル チョナ ジュセヨ}
   ☞ p.32

7 ☐ 그동안 보고 싶었어요.
   ☐ _{クトンアン ポゴ シッポッソヨ}
   ☞ p.34

8 ☐ 저녁 뭐 드셨어요?
   ☐ _{チョニョク ムォ トゥショッソヨ}
   ☞ p.36

魔法のフレーズ 1〜8

1
- ☐ 生ビールありますか？
- ☐ ▶[主語+있어요？／있어요.]

2
- ☐ 誰もいません。
- ☐ ▶[主語+없어요.／없어요？]

3
- ☐ 私は日本人です。
- ☐ ▶[名詞+〜예요.／〜이에요.、〜예요？／〜이에요？]

4
- ☐ ひょっとして韓国のかたでいらっしゃいますか？
- ☐ ▶[主語+세요？／이세요？]

5
- ☐ 私は学生ではありません。
- ☐ ▶[主語+아니에요.／아니에요？]

6
- ☐ 明日、電話ください。
- ☐ ▶[主語+주세요.]

7
- ☐ ずっと会いたかったです。
- ☐ ▶[用言+ㅆ어요.]

8
- ☐ 夕食、何を召し上がりましたか？
- ☐ ▶[用言+셨어요？／셨어요.]

魔法のフレーズ 9〜15

9 ☐ 오늘은 덥지요.
☐ 　　　☞ p.38

10 ☐ 오늘은 날씨가 정말 좋군요.
☐ 　　　☞ p.40

11 ☐ 전부 얼마예요?
☐ 　　　☞ p.46

12 ☐ 언제 가요?
☐ 　　　☞ p.48

13 ☐ 어디 가세요?
☐ 　　　☞ p.50

14 ☐ 커피 한 잔 어때요?
☐ 　　　☞ p.52

15 ☐ 그 회사 이름이 뭐예요?
☐ 　　　☞ p.54

魔法のフレーズ 9〜15

9
- [ ] 今日は暑いですよね。
- [ ] ▶[用言＋지요.]

10
- [ ] 今日は本当に天気がいいですね。
- [ ] ▶[用言＋군요.]

11
- [ ] 全部でいくらですか？
- [ ] ▶[얼마＋用言]

12
- [ ] いつ行きますか？
- [ ] ▶[언제＋用言]

13
- [ ] どちらに行かれるのですか？
- [ ] ▶[어디＋用言]

14
- [ ] コーヒー1杯どうですか？
- [ ] ▶[名詞＋어때요?]

15
- [ ] その会社の名前は何ですか？
- [ ] ▶[主語＋뭐예요?]

魔法のフレーズ 16〜22

16 ☐ 왜 한국말 공부하세요?
_{ウェ ハングンマル コンブハセヨ}
☐ ☞ p.60

17 ☐ 저는 텔레비전을 안 봐요.
_{チョヌン テルレビジョヌル アン ボァヨ}
☐ ☞ p.62

18 ☐ 한국에 여행 가고 싶어요.
_{ハングゲ ヨヘン カゴ シッポヨ}
☐ ☞ p.64

19 ☐ 한국말을 조금 할 수 있어요.
_{ハングンマルル チョグム ハル ス イッソヨ}
☐ ☞ p.66

20 ☐ 내일 다시 올게요.
_{ネイル タシ オルケヨ}
☐ ☞ p.68

21 ☐ 내년에 유학을 갈 거에요.
_{ネニョネ ユハグル カル コエヨ}
☐ ☞ p.74

22 ☐ 여기 다음에 또 오자.
_{ヨギ タウメ ット オジャ}
☐ ☞ p.76

165

魔法のフレーズ 16〜22

16
- [ ] どうして韓国語を勉強しているのですか？
- [ ] ▶[왜+用言]

17
- [ ] 私はテレビを見ません。
- [ ] ▶[안+用言]

18
- [ ] 韓国に旅行したいです。
- [ ] ▶[用言+고 싶어요]

19
- [ ] 韓国語を少し話すことができます。
- [ ] ▶[用言+ㄹ 수 있어요]

20
- [ ] 明日、また来ますね。
- [ ] ▶[動詞+ㄹ게요.]

21
- [ ] 来年、留学するつもりです。
- [ ] ▶[用言+ㄹ 거에요.]

22
- [ ] ここ、次にまた来よう。
- [ ] ▶[動詞+자]

魔法のフレーズ 23〜29

23 저는 이재형이라고 합니다.
　　 チョヌン イジェヒョン イラゴ ハムニダ
☞ p.78

24 유학 가려고 합니다.
　　 ユハク カリョゴ ハムニダ
☞ p.80

25 아무도 없는데요.
　　 アムド オムヌンデヨ
☞ p.82

26 한국에 가면 명동에 가 보고 싶어요.
　　 ハングゲ カミョン ミョンドンエ カ ボゴ シッポヨ
☞ p.88

27 김치는 맵지만 맛있어요.
　　 キムチヌン メプチマン マシッソヨ
☞ p.90

28 오늘 밤에 전화해도 돼요?
　　 オヌル バメ チョナヘド テヨ
☞ p.92

29 일이 바빠서 못 가요.
　　 イリ パッパソ モッ カヨ
☞ p.94

魔法のフレーズ 23〜29

23 ☐ 私はイ・ジェヒョンと申します。
☐ ▶[名詞+(이) 라고]

24 ☐ 留学しようと思います。
☐ ▶[用言+려고]

25 ☐ 誰もいないんですが。
☐ ▶[用言+ㄴ데/는데]

26 ☐ 韓国に行ったら明洞に行ってみたいです。
☐ ▶[用言+면]

27 ☐ キムチは辛いけれど美味しいです。
☐ ▶[用言+지만]

28 ☐ 今晩電話してもいいですか?
☐ ▶[用言+도]

29 ☐ 仕事が忙しくて行けません。
☐ ▶[用言+서]

魔法のフレーズ 30〜36

30 버스는 복잡하니까 지하철을 탑시다.
☞ p.96

31 오늘은 비가 오고 바람도 불어요.
☞ p.102

32 주말에는 책을 읽거나 영화를 보거나 해요.
☞ p.104

33 밥을 먹으면서 이야기하자.
☞ p.106

34 음악을 듣는 걸 좋아해요.
☞ p.108

35 점심 먹은 후에 커피를 마셔요.
☞ p.110

36 사람에 따라 의견이 다릅니다.
☞ p.116

魔法のフレーズ 30〜36

30
- □ バスは複雑だから地下鉄に乗りましょう。
- □ ▶[用言＋니까]

31
- □ 今日は雨が降り風も吹いています。
- □ ▶[用言＋고]

32
- □ 週末は本を読んだり映画を見たりします。
- □ ▶[用言＋거나]

33
- □ ご飯を食べながら話そう。
- □ ▶[用言＋면서]

34
- □ 音楽を聴くのが好きです。
- □ ▶[連体形＋것]

35
- □ お昼御飯を食べた後にコーヒーを飲みます。
- □ ▶[動詞＋ㄴ 후에]

36
- □ 人によって意見が違います。
- □ ▶[名詞＋에 따라]

魔法のフレーズ 37〜43

37 ☐ 학교 갈 때 지하철을 타고 가요.
☐ ☞ p.118

38 ☐ 맛이 있을지 모르겠습니다.
☐ ☞ p.120

39 ☐ 한국영화를 본 적이 없어요.
☐ ☞ p.122

40 ☐ 한국에 유학 가기로 했어요.
☐ ☞ p.124

41 ☐ 한식을 좋아하게 됐어요.
☐ ☞ p.130

42 ☐ 꿈을 이루기 위해서 항상 노력해요.
☐ ☞ p.132

43 ☐ 친구를 마중 나가는 길이에요.
☐ ☞ p.134

魔法のフレーズ 37〜43

37 ☐ 学校に行く時地下鉄に乗っていきます。
☐ ▶ [用言+ㄹ 때]

38 ☐ 美味しいかどうか分かりません。
☐ ▶ [用言+ㄹ지]

39 ☐ 韓国映画を見たことがありません。
☐ ▶ [動詞+ㄴ 적]

40 ☐ 韓国に留学することにしました。
☐ ▶ [動詞+기로]

41 ☐ 韓国料理が好きになりました。
☐ ▶ [用言+게]

42 ☐ 夢を叶えるためにいつでも努力しています。
☐ ▶ [用言+기 위해서]

43 ☐ 友達を迎えに行く途中です。
☐ ▶ [連体形+길]

魔法のフレーズ 44〜50

44 ☐☐ 그 사람의 실수를 모르는 척했어요.
☞ p.136

45 ☐☐ 이 소설은 읽을수록 재미있어요.
☞ p.138

46 ☐☐ 거짓말에 속을 뻔했어요.
☞ p.144

47 ☐☐ 책을 펴자마자 졸리기 시작했어요.
☞ p.146

48 ☐☐ 연주하는 중에는 자리를 뜨지 마세요.
☞ p.148

49 ☐☐ 이 아이는 머리가 좋은 편이에요.
☞ p.150

50 ☐☐ 몇 시까지 가야 해요?
☞ p.152

魔法のフレーズ 44〜50

44 ☐ その人のミスを知らないふりをしました。
☐ ▶[連体形+척하다]

45 ☐ この小説は読むほどに面白いです。
☐ ▶[用言+ㄹ 수록]

46 ☐ 嘘にだまされるところでした。
☐ ▶[用言+ㄹ 뻔했어요.]

47 ☐ 本を広げたとたんにうとうとし始めました。
☐ ▶[用言+자마자]

48 ☐ 演奏中は席を立たないでください。
☐ ▶[動詞+지 말다]

49 ☐ この子は頭がいいほうです。
☐ ▶[用言+편이다]

50 ☐ 何時までに行かなければなりませんか？
☐ ▶[動詞+야 하다]

●著者紹介

鶴見　ユミ　Tsurumi Yumi

神奈川県出身。延世大学大学院・国文科にて近代文学を専攻。韓国語講師、翻訳、通訳に従事。韓国語をゼロから始めて1週間に一度の受講で1年以内にマスターさせるという文法に重点を置いた講義に定評がある。
著書：『ゼロからスタート　韓国語　文法編』、『ゼロからスタート　韓国語　会話編』（以上、Jリサーチ出版）など。
訳書：『僕は「五体不満足」のお医者さん』（アスペクト）。
韓国語教室アイワード（池袋）のホームページ：http://www.aiword.net
教室メールアドレス：info@aiword.net

カバーデザイン	滝デザイン事務所
本文デザイン／DTP	株式会社シナノパブリッシングプレス
イラスト	いとう瞳
CDナレーション	チョンジュ
	友丘真佐江

J新書㉒
魔法の韓国語会話 超カンタンフレーズ500

平成24年（2012年）4月10日発売	初版第1刷発行
平成24年（2012年）5月10日	第2刷発行

著　者	鶴見ユミ
発行人	福田富与
発行所	有限会社　Jリサーチ出版
	〒166-0002　東京都杉並区高円寺北2-29-14-705
	電　話 03（6808）8801（代）　FAX 03（5364）5310
	編集部 03（6808）8806
	http://www.jresearch.co.jp
印刷所	（株）シナノ　パブリッシング　プレス

ISBN978-4-86392-099-6　禁無断転載。なお、乱丁・落丁はお取り替えいたします。
Copyright © 2012 Yumi Tsurumi. All rights reserved.

Jリサーチ出版の韓国語学習書

だれにでも覚えられるゼッタイ基礎ボキャブラリー
ゼロからスタート韓単語
BASIC 1400
CD 2枚付

韓国語単語の基本語1400語はこの1冊でカバー。類類・生活場面など「単語グループ」で覚えるので効率的。例文は日常生活でそのまま使える。CDには見出し語と意味、例文を全て収録。

鶴見 ユミ 著
A5変型
定価1680円(税込)

すぐに使える韓国語会話
ミニフレーズ2200
CD 2枚付

挨拶から日常生活・旅行・冠婚葬祭まで、よく使われるフレーズ2200をシーン別に収録。CD2枚には、見出しフレーズを全て収録。リスニング練習もできる。

鶴見 ユミ 著
四六判変型
定価1680円(税込)

基礎からしっかり身につく
ゼロからスタート韓国語シリーズ

だれにでもわかる
ハングルと文法の基本ルール
ゼロからスタート韓国語
文法編
CD付

韓国語ビギナーのための本当にやさしい入門書。文法の基礎・発音・ハングルが確実に身につく。CDには例文と解説を収録。
鶴見 ユミ 著
A5判／定価1470円(税込)

だれにでもできる
韓国語の耳作りトレーニング
ゼロからスタート韓国語
リスニング編
CD付

基礎編、応用編の2部構成で無理なく学習が進められる。ミニエクササイズで日本人の苦手な音がきちんと聞き分けられるようになる。
鶴見 ユミ 著
A5判／定価1470円(税込)

日本の漢字を使って
韓単語を超速で増強する！
韓国語単語スピードマスター
漢字語3300
CD 2枚付

韓国語の60％が漢字語といわれています。ハングル表記されている漢字語「道」をマスターすれば、「歩道」「道場」など組み合わせでどんどん応用がきく日本人だからできる画期的な語彙の増強法です。CDには韓国語→日本語で収録。 鶴見 ユミ 著
A5判／定価1680円(税込)

全国書店にて好評発売中！

商品の詳細はホームページへ　**Jリサーチ出版**　検索

http://www.jresearch.co.jp　**Jリサーチ出版**　〒166-0002 東京都杉並区高円寺北2-29
TEL03-6808-8801 FAX03-536…